KB176892

제 3 판

좋은 **수업**의 실제 **10**가지

Copyright © 2011 by Corwin

All rights reserved. When forms and sample documents are included, their use is authorized only by educators, local school sites, and/or noncommercial or nonprofit entities that have purchased the book. Except for that usage, no part of this book may be reproduced or utilized in any form or by any means, electronic or mechanical, including photocopying, recording, or by any information storage and retrieval system, without permission in writing from the publisher.

For information:

Corwin
A SAGE Company
2455 Teller Road
Thousand Oaks, California 91320
(800) 233-9936
Fax: (800) 417-2466
www.corwin.com

SAGE Ltd.
1 Oliver's Yard 55 City Road
London EC1Y 1SP
United Kingdom

SAGE Pvt. Ltd.
B 1/I 1 Mohan Cooperative Industrial Area
Mathura Road, New Delhi 110 044 India

10 BEST TEACHING PRACTICES

HOW BRAIN RESEARCH AND LEARNING STYLES DEFINE TEACHING COMPETENCIES

제 3 판

좋은 수업의 실제 10가지

Donna Walker Tileston 지음 | 정종진, 성용구, 임청환 옮김

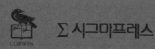

Σ 시그마프레스

좋은 수업의 실제 10가지, 제3판

발행일 | 2013년 9월 5일 1쇄 발행
2015년 1월 8일 2쇄 발행

저자 | Donna Walker Tileston
역자 | 정종진, 성용구, 임청환
발행인 | 강학경
발행처 | ㈜시그마프레스
편집 | 김보라
교정·교열 | 류미숙

등록번호 | 제10-2642호
주소 | 서울특별시 영등포구 양평로 22길 21 선유도코오롱디지털타워 A401~403호
전자우편 | sigma@spress.co.kr
홈페이지 | http://www.sigmapress.co.kr
전화 | (02)323-4845, (02)2062-5184~8
팩스 | (02)323-4197

ISBN | 978-89-6866-065-8

Ten Best Teaching Practices: How Brain Research and Learning Styles Define Teaching Competencies, Third Edition

Copyright ⓒ 2011 by Corwin.
All rights reserved.

Korean language edition ⓒ 2013 by Sigma Press, Inc. published arrangement with Corwin Press.

이 책의 한국어판 저작권은 Corwin Press와 독점계약한 ㈜시그마프레스에 있습니다. 저작권법에 의하여 한국 내에서 보호를 받는 저작물이므로 무단전재와 복제를 금합니다.

＊ 책값은 책 뒤표지에 있습니다.

이 도서의 국립중앙도서관 출판시도서목록(CIP)은 서지정보유통지원시스템 홈페이지(http://seoji.nl.go.kr)와 국가자료공동목록시스템(http://www.nl.go.kr/kolisnet)에서 이용하실 수 있습니다.(CIP제어번호: CIP2013015308)

뇌에 대한 연구가 그동안 활발히 진행되어 왔으며, 앞으로 더욱 가속화될 전망이다. 뇌 연구는 학생들의 학습을 극대화하기 위해서 교사들의 수업에 어떤 변화가 필요한가에 대한 이해를 넓혀주고 있다. 뇌 연구는 보다 나은 학습이란 어떤 것이며, 그러한 학습은 단편적인 사실과 기능에 대한 암기 그 이상의 것임을 이해하도록 도움을 주고 있다. 뇌 연구는 정서가 결코 학습에 방해가 되지 않으며, 학생이 고차적 사고와 자기주도성 및 창의성에 접근할 수 있도록 이용될 수 있다는 것을 보여주고 있다. 뇌 연구는 어떤 학습자든 자신만의 독특한 방법으로 학습과정을 진행시킬 수 있으며, 이러한 학습자 개개인의 학습양식을 존중해주어야 한다는 것을 시사하고 있다. 또한 뇌 연구는 지식에 대한 검사는 지필검사 그 이상의 것을 요구한다는 것을 보여주고 있다. 학습에 대한 종합적 이해에 기초한 수업은 구성주의적 접근을 강조한다. 구성주의적 접근은 교사와 학생들이 학습을 프로젝트, 전시 혹은 공연과 같은 실생활 시나리오로 번안하는 것을 강조한다.

뇌 연구는 또한 학습이 상호 관련된 속성을 갖고 있다는 것을 이해하도록 도와주고 있다. 예를 들어, 학생들이 검사에서 좋은 점수를 받으려고 노력하는 많은 프로그램들에서 중시되지 않는 미술은 실제로 뇌 발달과 보다 복잡한 학습에 중요한 것이다. 학생들이 음악을 감상하고, 합창으로 노래를 부르거나 악기를 연주하기 시작할 때 그들은 공간적 지능발달과 같은 수학에 유용한 다른 능력들을 발달시킨다. 그리기는 과학적 관찰과 탐구에 중요한 관찰기능에 영향을 미치며, 읽기학습은 추상적 사고와 고차적 사고를 발달시키는 데에 도움이 된다. 이 같은 사실은 개인의 능력을 최대화시키는 학습은 다양하고, 창의적이고, 사회적이고, 분석적이고, 재미가 있어야 하며, 여러 번 심사숙고한 것이어야 함을 의미한다. 이러한 유형의 학습은 또한 학생들이 살아가야 할 테크놀로지 세상에 훨씬 더 어울린다는 것은 놀라운 일이 아니다.

최근 교육학 분야에서는 이러한 뇌 연구에 기초한 수업, 즉 뇌기반 수업(brain-based instruction) 혹은 뇌친화적 수업(brain-friendly or brain-compatible instruction)이 21세기의 수업혁명으로 강조되고 있다. 우리 아이들의 학습은 뇌 안에 있는 학습 프로그램에 의해 거의 본능적으로 이루어지는데, 우리의 교육 현실은 뇌의 원리와 기제에 너무나 동떨어져 있다. 이제 교사들은 뇌에 관한 과학적 연구결과를 수용하고 그것을 수업실제에 적용하여 뇌기반 수업을 설계하고 실천해 나가지 않으면 안 된다. 다시 말해, 지식기반 사회와 정보화 시대에 살고 있는 오늘날의 교사들은 뇌의 학습 기제와 작용에 적합한 교수방법을 모색하고 실행해 나가야 한다. 이 책은 교사들이 자신의 교실을 뇌기반 수업을 실행하기 위한 실습장으로 활용하기 위한 충분한 이론적 배경과 구체적인 수업실제를 제공해주고 있는 Donna Walker Tileston(2011)의 '*10 Best Teaching Practices: How Brain Research and Learning Styles Define Teaching Competencies*(3rd ed.)'를 우리말로 옮긴 것이다.

이 책은 베테랑 교사이자 베스트셀러 수상 작가이며, 또한 교육 전문 컨설턴트이기도 한 저자가 연구와 실제 교실경험에 기초하여 찾아낸 교실에 큰 영향력을 미치는 10가지의 수업실제(수업전략)에 대해서 다루고 있다. 그 10가지 수업실제란 학습을 촉진하는 환경의 조성, 다양한 학습양식을 고려한 다양한 수업방식, 선행지식으로부터 결합 만들기, 장기기억을 위한 수업, 고차적 사고과정을 통한 지식의 구성, 협동학습의 전개, 모든 학습자 간의 간격 연결하기, 참평가를 통한 학습평가, 실생활에 적용할 수 있도록 심층적 이해 도모, 수업에 테크놀로지의 통합 등이다. 이러한 10가지의 수업실제는 교사들이 좋은 수업을 위해서 반드시 고려하고 반영해야 할 중요한 요소들이다. 이 책은 이러한 10가지의 좋은 수업실제를 이행하기 위한 이론적 근거와 연구결과 및 방법에 대해서 간단하면서도 분명하게 보여줌으로써 뇌 연구가 교실에 어떻게 적용될 수 있는가를 보여주고 있으며, 아울러 보다 의미 있고 풍요로운 교육을 실천하기 위한 학교의 재구성과 변화에 유용한 시사점을 제공하고 있다.

이 책을 번역하는 데 참여한 역자들은 세 명이며, 역자들은 이 책의 내용을 검토한 후

교육현장에 종사하고 있는 교사들에게 뇌 연구에 기초한 좋은 수업의 실제와 전략이란 어떤 것인지 간명하면서도 쉽게 보여주는 책이라고 판단하고 번역하기로 결정을 하였다. 이 책은 총 11개의 장으로 구성되어 있는데, 정종진은 1 · 2 · 8 · 11장을, 성용구는 3 · 6 · 7장을, 그리고 임청환은 4 · 5 · 9 · 10장을 각각 맡아 번역하였다. 내용 중에는 지나치게 미국적 상황에만 해당되는 것이 있어서 다소 생략하거나 각색한 부분도 있다. 그러나 그렇지 않은 부분은 가급적 본문에 충실하면서도 한국적 상황에 맞게 번역하려 노력하였다.

우리는 이 책이 표준화검사와 어울리는 지시적이고 기계중심의 수업모형을 수행검사와 어울리는 실제적이고 개별 맞춤식 학습자중심의 뇌기반 수업모형으로 변화시키는 데에, 그리고 뇌기반 교실을 향한 개인적 여행을 시작할 때 나래를 펼칠 수 있도록 바람의 역할을 하는 데에 기여할 수 있기를 바란다. 독자 여러분이 일단 이 책에서 제시되고 있는 아이디어를 고려한다면, 여러분의 마음은 확장될 것이라고 우리는 확신한다.

우리 교육을 생각하는 절실한 마음을 담아

2013년 5월

역자 일동

내가 이 책을 처음 썼을 때, 우리는 교육혁명의 시대에 살고 있다고 말한 바 있다. 그 것은 지금도 여전히 그러하지만, 그 혁명의 속도가 매우 빠르게 진행되고 있다. 우리는 테크놀로지와 신경가소성과 같은 새로운 과학의 발전을 따라가기에 급급하다. 역사상 처음으로 학생들이 교사들보다 먼저 교실의 테크놀로지를 사용하는 방법을 알고 있으며, 또한 대체로 학생들이 교사들보다 테크놀로지를 능숙하게 다룬다.

교실상황이 과거와는 달리 이루 말할 수 없을 정도로 달라졌다. 부모의 이혼으로 인한 편부모 가정의 아동, 결식아동, 다문화 가정의 아동이 증가하고 있다. 국가 학업성취도평가에 따르면, 기초 학력부진의 아동의 수가 증가하고 있으며, 이들을 효과적으로 지도하는 데에 부심하고 있다.

이 책의 내용은 2005년 이후의 새로운 연구결과를 반영하다 보니 제2판과 비교하여 65% 정도가 달라졌다. 그러나 교실상황의 급속한 변화와 뇌가 어떻게 학습하는가에 대한 새로운 이해에도 불구하고 내가 10년 전에 제안했던 10가지 좋은 수업의 실제는 변하지 않았다. 이러한 10가지 실제의 실행은 새로운 기술과 전략으로 인해 때때로 전과 매우 다르게 보이기도 하지만, 좋은 수업의 본질은 여전히 전과 다르지 않다. 나는 이 책의 초판에서 다음과 같이 썼다.

나는 우리가 가장 훌륭한 연구와 수업실제를 통합할 때 교실에 막강한 영향력을 미치는

10가지의 수업실제를 찾아냈다. 이러한 수업전략들은 그 분야의 가장 훌륭한 연구와 교사들에 의한 실제 교실경험에 기초한 것이다. 20년 전보다 그 이전에 나는 학습을 촉진하는 요인과 학습을 방해하는 요인에 관한 역동적인 현장연구를 시작하였다. 한 그룹의 교사들과 함께 나는 곤경에 처한 한 학교를 재구조화하는 것을 돕기 위해서 그 당시에 가치 있는 연구를 활용하였다. 그러자 긍정적인 결과들이 거의 즉각 나타났으며, 그 결과는 수년간 지속되었다. 한때 낮은 시험점수, 높은 낙제율, 그리고 많은 훈육상의 행동문제를 가졌던 그 학교는 오늘날 주정부에서 시행하는 시험에서 일부 과목은 최상의 점수를, 평균 이상의 좋은 SAT와 ACT 점수를, 그리고 낮은 훈육상의 행동문제 발생률을 보이고 있다. 이 연구에서 중요한 점은 그 결과가 시간적으로 지속되었다는 점이다. 즉, 어느 한 시점에서 일시적 효과가 있었던 것이 아니라 전반적으로 그 효과가 나타났다는 것이다. 뇌가 어떻게 학습하는가에 관한 새로운 연구는 우리가 지난 20년간에 걸쳐 시행하고 구축해 온 학교의 재구조화를 타당하게 뒷받침해주고 있다.

제1장에서는 풍요롭고 정서적으로 지지해주는 풍토의 중요성에 대해서 살피고 있다. 우리가 교실의 지배적인 문화를 제외한 나머지 문화들이 시사하는 바를 검토한 결과, 오늘날의 학습자들은 학습하기 이전에 무엇보다도 관계 형성을 필요로 한다는 것이 입증되었다. 다문화 측면에서 보면, 교사와 학생이 서로 다른 문화를 가졌을 때는 무엇보다도 교사와 학생 간의 신뢰관계를 구축하는 것이 중요하다. 뇌의 학습능력뿐만 아니라 학생들이 교실과 학습에 대해 어떻게 느끼고 있느냐 하는 것이 미치는 영향에 관한 새로운 뇌 연구는 매우 중요하다. 지금 알려진 바로는 우리는 초기의 부정적 환경의 영향을 되돌릴 수는 없지만, 학습환경을 강화함으로써 학생들의 IQ점수를 20점이나 실제로 증진시킬 수 있다 (Sousa, 2006)는 것이다. 나는 제1장이 매우 중요하다고 여기고 있다. 왜냐하면 만일 우리가 모든 학생이 신체적으로 안전하고 정서적으로 안정하다고 느끼는 풍토를 조성할 수 없다면 나머지의 장들은 중요하지 않기 때문이다.

제2장에서는 모든 학생이 그들의 최고 학습방식에 관계없이 성공할 수 있도록 다양한 종류의 교수기법의 필요성에 대해서 언급하고 있다. 과거의 학교들은 주로 청각적 학습자들에게만 유리하도록 가르쳤다. 미래의 학교들은 모든 학습자들을 위해서 가르쳐야만 한다. 새로운 연구결과에 따르면, 교실의 90%나 되는 학생들이 청각적으로 학습하는 것을 선호하지 않는 학생들로 구성되어 있다고 한다(Sousa, 2006). 우리는 정보를 받아들이는 세 가지 양식(청각적·시각적·운동감각적 학습양식)뿐만 아니라 또한 수업의 리듬을 검

토해야만 한다. 뇌의 주의력 간격은 리듬(사이클)을 따르기 때문에 이러한 주의력의 고저 리듬을 수업시간을 짤 때에 고려한다면 학생들의 학습효과는 높아질 것임에 틀림없을 것이다. 몇 해 전에 나는 14세부터 성인에 이르기까지의 학습자들은 뇌의 주의력이 흐트러지기 시작하기 전인 15분 동안 적극적인 듣기를 해야 한다고 말하곤 했다(역주: 다시 말하면 15분 정도만 청각적인 학습활동을 하고 나머지 시간은 시각적 · 운동감각적 학습활동을 해야 한다는 것이다.). 오늘날 Jensen(2010)과 같은 연구자들은 테크놀로지가 그 시간 프레임을 약 10분으로 줄여 놓았다고 말한다.

제3장에서는 학습에 있어서의 결합 혹은 전이(transfer)의 중요한 요소에 대해서 살피고 있다. 뇌는 결합의 추구자이기 때문에 결합이 존재하지 않는 곳에서는 뇌가 결합을 형성하지만 반면 학습은 이루어지지 않는 혼란이 있게 마련이다. 교육자로서의 우리의 임무는 이미 존재하고 있는 결합들에 의지하고, 결합이 없는 곳에 결합을 생성하도록 도와주는 것이다. 이 장에서는 부모와 교사 및 학생들이 학습을 장기기억 속으로 저장하기 위한 방법을 탐색할 때 희망의 등불을 제시하고 있다. 이 책의 제2판 이후로 단기기억과 장기기억에 대해 재검토하였다. 그 결과, 단기기억은 단지 한 단계만 있는 것이 아니라 두 단계를 갖고 있으며, 학습에 있어서 두 단계는 각기 다른 기능과 시간간격을 갖고 있다는 것을 알게 되었다.

제4장에서는 기억체계의 작용에 대해서 알아본다. 뇌는 무엇을 버리고 무엇을 보존해야 되는가를 어떻게 결정하는가? 보다 중요한 것은 우리가 이러한 새로운 지식을 교실에 어떻게 적용할 수 있는가? 교육자로서 우리는 모두가 열과 성을 다해 가르쳤지만 학생들이 제대로 배우지 못했다는 사실을 알았을 때처럼 몹시 괴로운 순간을 경험한 바가 있다. 우리가 어떻게 학습하고 기억하는가에 대한 수수께끼와 함께 미래의 교사들은 역사상 그 어떤 시기보다도 학습을 보다 의미 있게 만들 기회를 갖고 있다. 이 장에서 우리는 학생들이 학습과정에서 중요한 내용과 중요하지 않은 내용을 결정할 때 뇌에서 무슨 일이 일어나고 있는가에 대해 보다 깊이 탐구한다.

제5장에서는 교실에서 동기부여적이고 도전적인 과제를 제공하는 것이 필요하다는 것을 살피고 있다. 시간은 너무나 귀중한 것이어서 교실에서 낭비될 수 없다. 우리의 학생들은 컴퓨터가 기계적인 기억과제를 수행할 수 있는 세상에 나아갈 것이다. 우리는 학생들에게 컴퓨터가 수행할 수 없는 일들, 즉 문제해결과 복잡한 사고 및 협동을 준비시켜 주어야만 한다. 우리는 모든 아이가 사회경제적 지위에 관계없이 질 높은 교육을 받아야

한다는 것을 인식해야만 한다. 학생들이 학습기술이 부족하거나 학습결손이 있을 때, 우리는 그 결손을 보충하면서 높은 수준에서 학습할 수 있도록 비계(scaffolding)를 사용해야만 한다.

제6장에서는 진정한 협동학습의 영향력에 대해 논의하고 있다. 글로벌 세상에서 자신의 생각을 명확하게 표현하는 능력, 다양한 사람들과 함께 일하는 능력, 협동하며 문제를 해결하는 능력은 중요하다. 금세기의 가장 중요한 기술 중의 하나가 누군가의 말에 동의하든 동의하지 않든 간에 그와 대화하는 능력이다(Pink, 2009). 글로벌 세상을 살아가는 사람은 경청할 수 있어야 하고, 또한 가장 중요한 가치가 무엇이고 왜 그것이 가장 중요한 가치인가를 이해하려고 노력할 수 있어야 한다.

제7장에서는 모든 학습자를 위한 성공의 중요성에 대해서 논의하고 있다. 우리는 학생의 자료를 인종차별 없이 열심히 살펴야 한다. 우리는 문화적 차이를 고려해야 하고, 효용이 있는 연구와 효용이 없는 연구를 구별해야 한다. 달인이 되어야 하는 시대이고, 효용이 없는 것에 대해 정직해야 할 시점이다. 중재에 대한 반응은 궁극적으로 학생들이 결함으로 인해 손해를 보고 특수교육에 잘못 배치되는 것을 막아주는 힘을 갖고 있다.

제8장에서는 무엇이 참평가이고 무엇이 참평가가 아닌가를 구별하고 있다. 오늘날 형성평가와 모든 학생이 성공적인 학업성취를 이룰 수 있도록 도와주기 위한 형성평가의 역할에 대해 강조되고 있다. 이 장에서는 몇 가지 새로운 연구결과를 살펴본다.

제9장에서는 학습에 있어서의 관련성에 대해 살피고 있다. 풍토와 마찬가지로 관련성은 뇌가 어떻게 학습하고 기억하는지, 그리고 뇌가 학습하고 기억을 하는지의 여부에 대해 영향을 미치는 가장 강력한 영역 중의 하나다. 이것이 "우리는 언제 이것을 사용해야 되는가?"라고 묻는 사람들을 위한 대답이다. 우리는 교실에서 배운 학습기술을 어떻게 실제 세계에 적용할 수 있고, 또한 학생들로 하여금 교실에서 배운 학습기술을 실제 세계에서 활용할 수 있다는 것을 이해하도록 어떻게 도울 수 있는가?

제10장에서는 언제 어디서든 학습이 이루어지는 미래에 대해서 살피고 있다. 테크놀로지는 가정과 직장의 통합적인 한 부분이다. 볼펜과 연필이 이전 세기에서 중요한 도구였듯이 테크놀로지는 금세기의 중요한 도구이다. 테크놀로지는 학생들이 학교에 올 때 활력을 가질 수 있도록 교실의 통합적인 한 부분이어야 한다.

제11장에서는 이 책에 제시된 연구결과와 우리가 15년 전에 재구조화한 학교로부터의 연구에 기초하여 몇 가지 마무리 말을 하고 있다. 재구조화한 학교에 대한 진정한 검증은

학생들이 성공적인가 아닌가, 시간의 경과에 따라 성공적인가 아닌가에 있다. 우리 학교의 학생들은 거의 즉시 놀랄 만한 향상을 보이기 시작했고, 시간이 경과함에 따라 성공적인 것으로 나타났다. 우리가 수년 전에 이 학교를 재구조화하기 시작했을 때, 우리는 그 당시의 이용 가능한 지식에 기초를 두었다. 우리는 뇌가 어떻게 작용하는가에 관해서 지금 알고 있는 것을 그 당시에는 거의 알지 못했다. 우리는 아동연구를 통해 알고 있었던 것을 적용하였고, 그런 다음 이용 가능한 새로운 정보에 기초를 두었다. 이러한 우리의 본능적 직관은 옳았다. 그 학교에 적용한 이러한 원리들이 전국의 어느 학교에도 적용될 수 있다고 나는 확신한다.

차례

제 1 장

학습을 촉진하는 환경의 조성

기대와 기준 간의 차이를 설명한다면, 기준은 막대기라면 기대는 학생들이 그 막대기에 도달할 것인지의 여부에 대한 우리의 신념이다.

−Robyn R. Jackson

이 책의 초판에서 나는 학습에 도움이 되는 교실환경의 조성에 관한 다음과 같은 문장을 썼다. 나는 제3판에서 그 문장을 반복하여 제시한다. 왜냐하면 학습을 촉진하는 교실환경의 조성이 수업기술에 여전히 중요하기 때문이다.

풍요롭고 지지해주는 환경은 대단히 중요하기 때문에 이 문제에 대해서 먼저 다루지 않는다면 다른 어떤 기법도 정말로 효과적이지 못할 것이다. 사람과의 관계가 깨어지고, 약속이 지켜지지 않고, 마음이 닫힌 세상에서 강한 지지적인 관계 형성은 학생들에게 중요하다. 우리는 교실 밖의 학생들의 환경을 통제할 수 없지만, 매일 7시간에 대한 학생들의 환경에 대해서 엄청나게 통제하고 있다. 우리는 교육에 대한 긍정적 혹은 부정적 이미지를 형성하고, 풍요로운 환경을 만들고, 능동적 학습을 위한 촉매자가 되기 위한 힘을 갖고 있다. 우리는 이제 우리가 교육에 관해서 어떻게 느끼는가 하는 것이 뇌가 교육에 대해서 어떻게 반응하는가에 엄청난 영향을 미친다는 사실을 알고 있다. 정서학습과 인지학습은 별개의 실체가 아니다. 그들은 서로 서로 협력하며 작용하고 있다.(Tileston, 2005, p. 1)

교사들이 되고 싶어 하는 그런 종류의 교사가 되지 못하도록 하는 것이 무엇이냐고 물어보면, 여러분은 아마도 동기수준과 관련한 대답을 얻게 될 것이다. 현재까지 밝혀진 뇌 연구를 통해서 우리는 보다 높은 수준에서 학습하고 과제를 완수하도록 동기를 유발하는 요소에 대해서 많이 알고 있다. Daniel Pink(2009)는 그의 처녀작인 **충동**(*Drive*)에서 현행 뇌 연구가 학생들과 교사들을 정말로 동기를 유발하는 것이 무엇인지에 대하여 놀라운 사실을 언급하고 있다. 지난 세기에서 우리는 학생들의 동기를 유발하기 위해서 당근과 채찍의 방법에 의지하였다. 우리는 끝마친 일과 행동에 대하여 스티커, 자유 시간, 상, 심지어는 돈과 같은 유형의 보상을 주었다. Pink는 오늘날 진정으로 우리로 하여금 동기를 유발시키는 것은 (1) 자율성(autonomy), (2) 숙달(mastery), (3) 목적(purpose)의 세 가지 요소의 결합에 의한 것이라고 말하고 있다.

교실에서 자율성에 대한 요구

인간은 원래 능동적이고 몰두하며 호기심이 많은 존재인 것 같다. Pink(2009)는 이러한 인간의 존재에 대해 자동 스위치로 묘사하면서, 삶의 어떤 시점 — 중학교 혹은 중년기 — 에 도달하면 호기심을 보이지 않으며 학습에 적극 몰두하지도 않는다. 그것은 무엇인가가 스위치를 '꺼짐' 위치로 돌려놓았기 때문이다. 두 살 아이가 노는 것을 지켜보면 인간의 자연스러운 호기심 현상에 대해 어떤 의문도 가지지 않게 될 것이다. 그러므로 우리는 과제, 시간, 기법, 팀 등에 있어서 학생들이 자율성이나 자기주도성을 구축하도록 도와야 한다.

과제 : 가능하다면 학생들에게 이해의 증명 방식과 공부해야 독립적인 프로젝트 및 절차적 과제를 다루는 방식에 있어서 선택권을 제공하라. 필요한 발판(scaffolding)을 제공한 다음 뒤로 물러서서 학생들이 스스로 과제에 종사하도록 하라. 지난 세기에 우리는 너무도 산업 모형에 고정되어 모든 것을 구획화하고 표준화하였으며, 심지어는 초등학교 미술 시간의 프로젝트조차도 개성이 없는 판에 박힌 활동이었다. 금세기는 창의성의 시대이며 개성이 없는 판에 박힌 활동을 던져버려야 하는 시대이다.

시간 : 시간은 교실에서 이해를 위한 잔인한 적군이다. 교사는 일정한 시간 안에 가르쳐야만 하는 일련의 기준에 의해서 살아간다. 그리고 학생들의 성취와 이해보다는 오히려 무엇을 어떻게 가르쳐야 하는가의 규칙에 얽매일 때가 너무나 많다. 이러한 '주객전도'의 생각을 버리고, 학생들이 보다 나은 결과를 창출하기 위해 더 많은 시간을 요구하거나 바

랄 때 시간을 허용해주는 제도를 믿고 실행한다면 어떻게 될까? 교과를 다루는 데에 중점을 두기보다는 학습의 질에 중점을 둔다면 어떻게 될까? 진전에 걸린 시간보다 시간에 따른 진전을 주시한다면 어떻게 될까?

기법 : 기법에 대한 자율성은 학생들이 집단과제나 개인과제를 수행할 때, 그리고 이해했음을 증명해 보일 때 그들에게 선택권을 주는 것을 말한다. 가능하다면 최대한 학생들에게 그들이 이해했음을 쓰기나 언어과제, 시범, 모형, 신체활동, 혹은 그들 나름의 창의적인 방법과 같은 다양한 방법을 통해서 증명해보이도록 허용하라. 나는 워크숍을 진행할 때 이러한 기법을 설명하기 위해 종종 다음과 같은 질문을 사용한다. "교실에 100명의 사람이 있습니다. 이 모든 사람이 각자 서로 악수를 한다면, 얼마나 많은 악수를 해야 될까요?" 이 질문에 대답하기 위해 언어적 학습자는 공식을, 시각적 학습자는 그림이나 도표를, 운동감각적 학습자는 실연(實演)을 통해서 대답할 수 있다.

팀 : 팀에 대한 자율성은 학생들에게 함께 공부하기 위해, 함께 프로젝트를 완수하기 위해, 그리고 협력하기 위해 그들 나름의 사회적 네트워크를 알아서 만들라고 할 때 발생한다. 테크놀로지가 모든 학생에게 이용 가능해짐에 따라 그러한 사회적 네트워크는 교실을 초월할 수 있다. 가령 테크놀로지를 이용하여 북 리포트 형태의 자율적 프로젝트를 수행하는 소집단이 있다고 하자. 이 집단은 이러한 방법을 성공적으로 사용했던 교사나 동료를 그들의 팀에 넣거나 이 기법을 개발했던 대학으로부터 자문을 받고 싶어 할 수도 있다. 학생들이 프로젝트를 수행하는 장소는 얼마든지 있다. 학습은 교사나 학교에 의해서만 이루어지는 것이 아니다. 다양한 형태의 학습 장소는 프로젝트에 깊이를 더해준다. Jensen(1997)은 학생들에게 최적의 학습상태란 약간의 긴장감을 갖게 하는 스트레스가 있을 때라고 말한다. 이러한 상태에서 학생들은 주의를 환기시키게 되고 성취에 필요한 지식 기반을 갖게 된다. 즉, 약간의 스트레스는 학생들에게 성취에 도움이 되는 지식 기반과 도구를 갖게 하지만, 스트레스가 심한 상황에서는 어느 누구도 최선을 다해 과제를 수행하기 힘들다. Pink(2009)는 책무성에 가치를 두는 교사들에게 다음과 같은 중요한 말로 자율성을 요약하고 있다.

동기 2.0은 만약 사람들에게 자유가 주어진다면 게으름을 피울 것이라고 가정한다. 그래서 자율성은 책무성을 회피하는 수단이라고 여긴다. 동기 3.0은 다른 가성으로 출발한다. 즉, 동기 3.0은 사람들은 책무성을 갖고 싶어 한다고 가정한다. 그래서 사람들은 그들 자신의 과제와 시간 및 기법에 대한 통제권을 갖기 바라며 그들의 팀이 목적을 이루는 통로

라고 여긴다.(p. 107)

학생들의 마음 상태 : 학습을 긍정적으로 만들기

여러분은 시간이 어떻게 흘러갔는지 모를 정도로 프로젝트에 푹 빠진 적이 있는가? 그렇다면 여러분은 프로젝트에 몰두하여 완전 습득하기 위해 노력한 것이다. Pink(2009, p. 114)가 논의한 바와 같이 심리학자 Csikszentmihalyi는 사람들이 수행하는 일에 완전 몰두하는 동안에 뇌 안에서 무슨 일이 진행되는가에 대해서 호기심을 가졌다. 그는 학습이든 프로젝트이든 몰두해 있는 사람은 몰입(flow)의 상태에 있다는 것을 발견했다. 우리로 하여금 주의집중을 하도록 하고, 높은 수준에서 과제를 끝마치도록 하게 하는 것은 뇌의 몰입 상태이다.

인간의 뇌는 내부와 외부 자극에 기초하여 정서 상태(몰입)를 끊임없이 변화시키고 있다. Jensen(2003)은 이러한 상태를 인간의 행동에 영향을 미치는 뇌 안의 패턴으로 설명한다. 이러한 패턴은 새로운 자극에 의해 끊임없이 변화한다. 예를 들어, 어떤 학생이 복도에서 싸움을 하여 교사로부터 주의를 듣고 있다. 갑자기 학생의 정서 상태가 고분고분 주의를 듣는 상태에서 흥분, 싫증, 분노, 혹은 슬픔과 같은 상태로 변화되었다. 학생들이 교실에 가져오는 정서 상태의 종류는 교실 밖에서 자주 혹은 지배적으로 표출되었던 상태에 의해 영향을 받는 경우가 더러 있다. 인간은 잡아당기는 상태와 쫓아버리는 상태를 모두 갖고 있다.

인간은 대부분 잡아당기는 상태로 들어간다. 이러한 중립적인 네트워크는 특정 상태에 부착된 정서와 감각을 통해 점차 강화되어 온 것이다. Jensen(2003)은 다음과 같이 설명하고 있다.

> 어떤 사람들은 많이 웃는다. 왜냐하면 웃음이 그들의 기본적인 잡아당기는 상태이기 때문이다. 또 다른 어떤 사람들은 화를 많이 낸다. 왜냐하면 화가 그들의 가장 강력한 잡아당기는 상태이기 때문이다. 그러한 화난 상태는 건전한 항상성 상태(homeostatic state)가 아니라 일정한 상태의 균형이 깨지는 탈진 상태(allostatic state, 누적된 스트레스 부하)가 된다. 그 결과 그들은 그러한 친숙한 탈진 상태로 다시 들어감으로써 '스스로를 좋아한다'고 느끼는 다른 사람들과 싸움을 하는 경우가 많아질 것이다.(p. 9)

상태는 우리의 인성발달에 영향을 미치게 되고, 과거 경험에 기초하여 쉽게 예측될 수 있다. 이와 마찬가지로 학습에 관한 우리의 상태는 교실에서 자주 겪었던 경험에 의해 형성된다. 만약 어떤 학생이 교실에서 실패, 놀림, 당황, 공포를 자주 경험하게 되면, 교실에서 그 학생의 상태는 그러한 경험을 피하도록 하는 데에 기반을 두게 될 것이다. 혐오 상태는 인간이 피하고 싶은 상태로 잠시 혹은 극단의 경우 경험하는 상태이다. 어떤 학생은 수학에서 실패를 경험하지만, 다른 교과에서는 모두 성공을 경험할 수 있다. 그러한 경험은 수학을 제외한 모든 교과의 수업시간에 학습을 위한 상태로 이끌게 될 것이다. Jensen(2003)은 다음과 같이 부언하고 있다.

> 천성적으로 인간 유기체는 탈진 상태를 향해 나아갈 때 그 상태를 물리친다. 이러한 상태에서는 의도와 계획을 담당하는 전두엽과 유기체를 좋게 유지하지 못할 것임을 가리키는 많은 다른 하위체제(정서, 배고픔, 고저 에너지 사이클, 심장 박동 등)의 복잡한 상호작용 때문에 인간은 탈진 상태를 피하고자 하는 경향이 있다.(p. 10)

학생들은 학습과는 아무 관계가 없는 많은 것을 미리 뇌 속에 가지고 교실로 들어온다. 학생들은 학교에 오기 전에 가정에서 다툼이 있었을 수도 있고, 복도에서 부정적인 경험을 했을 수도 있다. 학생들은 다가오는 사건이나 새로운 남자(혹은 여자)친구에 대해서 흥분해 있을 수도 있다. 교사들은 담당 학생들이 딴 곳에 주의를 기울이지 않고 수업에 주의를 집중하도록 엄청나게 애를 먹고 있다. 학습은 "인간 유기체가 이러한 신경적 집합체(우리의 상태)가 잡아당기는 상태가 될 때까지 그 신경적 집합체를 기억하게 하는 과정"(Jensen, 2003, p. 10)이다. 학생들이 학습에 대해 잡아당기는 상태를 가지지 못하고 점차 학습을 물리치는 양상을 보인다면 어떻게 되겠는가? 교사는 학생들이 학습에 대해 잡아당기는 상태가 되도록 지도할 수 있다. 뇌에 대해 알고 있는 사실과 뇌가 좋아하는 학습법을 이용함으로써 점차 학생들의 마음 상태를 바꿀 수 있다.

학생들이 완전 학습할 수 있도록 하기 위해서는 그들에게 학습에 몰두하는 방법을 이해시킬 필요가 있다. 학습에 대한 진정한 숙달은 과거의 '최고' 결과를 계속해서 그 이상 이루어내는 과정이다. 2학년 때의 수학 최고 점수가 3학년 때에는 충분하지 않을 수도 있을 것이다. 보다 높은 점수를 얻기 위해 끊임없이 노력해야 한다. 올림픽 대회에서 '자신의 최고 성적을 경신하였다'는 말을 자주 듣는 것은 놀라운 일이 아니다. 교사는 학생들이 교과에 대한 학습을 완전 습득하도록 하길 원한다면, 그들에게 학습에 대한 개인적 목표를 세우도록 도와야만 하고, 또한 그들이 자신의 학습에 대한 진전 상황을 확인할 수 있도록 돕기 위해서 그들의 개인적 목표를 계속 살펴볼 필요가 있다. 대부분의 학생들은 자신의 목표를 충족시키는 데에 걸림돌이 있을 때 이를 헤쳐 나가는 방법을 직접 배운 바가 없다. 그래서 그들은 종종 항복을 하고 그저 첫 번째 시련에 쉽게 굴복하고 만다. 교사는 학생들에게 긍정적 자기대화(self-talk)를 가르침으로써 완전 학습하도록 도울 수 있다. 교사가 어떤 문제를 해결할 수 없을 때 어떻게 하는지 혹은 문장에서 새로운 단어의 의미를 어떻게 알아보는가를 학생들에게 보여주어라. 사관생도 교육에서 상황에 관계없이 어떤 생도가 탈락하고 어떤 생도가 살아남는 이유가 무엇인가에 대한 연구(Duckworth, Peterson, Matthews, & Kelly, 2007)에서 연구자들은 엄벌과 혹독한 훈련에도 불구하고 교육과정에서 살아남은 생도들은 '투지', 즉 장기목표를 충족시키는 데에 어려움을 겪을 때 효과적으로 점검하고 재편성하는 능력을 가진 자들이었다고 밝혔다.

교사들은 대부분 뇌의 인지 센터와 함께 수업을 시작하도록 교육을 받았다. 전국 방방곡곡의 교사들이 학생들이 학습할 동기가 되어 있지 않다는 사실을 한탄하고 있다는 것은 놀라운 일이 아니다. 우리는 Marzano와 Kendall(2008)과 같은 연구자들을 통해서 학습에 대한 동기는 뇌의 인지체계(cognitive system)가 아닌 자기체계(self-system)에 의해서 조절된다는 사실을 알고 있다. 다시 말하면, 모든 학습은 뇌의 자기체계에서 시작된다는 것이다. 학생들이 학습에서 주의를 기울여 몰두할 것인지의 여부를 결정하는 것은 바로 이러한 뇌의 자기체계이다. Marzano(2001a)는 다음과 같이 말하고 있다.

> 자기체계는 태도, 신념 및 정서의 상호 관련된 체계로 구성되어 있다. 동기와 주의력을 결정하는 것은 바로 이러한 태도, 신념 및 정서의 상호작용이다. 구체적으로 말하면, 자기체계는 어떤 개인이 주어진 과제에 몰두할 것인지 몰두하지 않을 것인지를 결정한다. 또한 자기체계는 어떤 개인이 주어진 과제에 얼마나 많은 에너지를 쏟을 것인지를 결정한다.(p. 50)

일단 주의를 기울이기로 혹은 과제를 시작하기로 결정을 내렸다면, 뇌의 메타인지체계가 이어 작동하고 일을 수행하기 위한 계획을 세운다. 그런 다음에 가서야만 인지체계가 작동한다. 그림 1.1은 이러한 과정을 도식화한 것이다.

교사들은 학생들이 학습에 몰두할 것인지의 여부를 결정하는 것은 교사와 함께 이루어질 수도 있고 교사가 없이도 이루어질 수 있다는 사실을 인정할 필요가 있다. 그러나 교사들은 교수-학습과정에 접근하는 방법에 의해서 그러한 결정에 영향을 미칠 수

그림 1.1 >> 사고의 체계

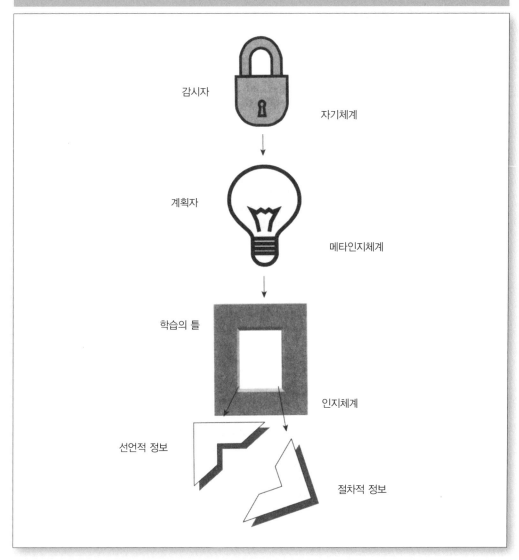

감시자   자기체계

계획자   메타인지체계

학습의 틀   인지체계

선언적 정보   절차적 정보

있다. 교사들은 또한 말과 행동을 통해서 학생들의 학습상태에 영향을 미칠 수 있다. Jensen(2003, p. 11)에 따르면, 교사들은 학습활동에 따라 학생들을 위해 원하는 상태를 목표로 삼아야 한다. 그는 학생들이 요구하는 에너지의 양에 기초하여 상태를 다음과 같이 열거하고 있다.

1. 과다활동, 과잉행동
2. 신체활동, 학습

3. 쓰기 혹은 말하기

4. 몰두해야 하는 사고

5. 주의집중

6. 산발적인 사고

7. 시각화

8. 느슨한 집중

9. 백일몽

10. 졸리는, 정처 없이 떠도는

다음 세 가지 준거는 뇌가 학습에 주의를 기울일 것인가를 결정하는 데에 매우 중요하다(Tileston, 2004a 참조).

1. 학생에 대한 학습의 개인적 중요성

어느 누구도 학습이 중요하다는 것에 대해 이의를 제기하지는 않을 것이다. 그러나 뇌친화적 학습이 되도록 하려면 학습이 개인에게 중요한 것으로 지각되어야만 한다. 첫 번째 준거는 학습이 개인적 욕구나 목적을 만족시킨다는 믿음을 학생이 가져야만 한다. Marzano(2001a)는 이것을 다음과 같은 방식으로 설명하고 있다. "학습이 개인에게 중요한 것으로 여겨지도록 하는 것은 아마도 다음과 같은 두 가지 조건 중의 어느 하나를 어느 정도 충족시키느냐 하는 것일 게다. 하나는 학습이 기본적 욕구를 만족시키는 수단이 된다고 지각하는 것이고, 다른 하나는 학습이 개인적 목표를 달성하기 위한 수단이 된다고 지각하는 것이다." Jensen(2010)은 학생들의 새로운 학습에 대한 개인적 중요성을 강조하기 위한 하나의 방법으로서 목표설정의 중요성을 들고 있다. 그는 다음과 같이 제안하고 있다.

학생들이 일일목표, 주간목표 및 장기목표를 설정하도록 그들을 격려하라. 학생들과 함께 그 목표들을 정기적으로 체크하고, 피드백을 제공하며, 목표 도달의 진행과정을 확인시켜라. 예를 들면, 학생들에게 자신의 목표를 시간계획표나 차트로 작성하여 동료 학생들과 함께 나눌 수 있도록 요구하라. 여러 사람에게 자신의 목표를 인지시키는 것은 동기를 유발하고 목표를 향해 실천해나가는 데에 아주 좋은 방법이다. 일단 학습곤란 학생들이 목표를 설정하면 그들이 성공할 수 있도록 전심전력하여 도와주어라. (p. 68)

많은 교사가 학생들이 "우리는 언제 이것을 유용하게 사용할 수 있을까?"라고 말하는 것을 들어 왔다. 오늘날 학생들은 지나칠 정도로 많은 정보를 가져야 하는 짐을 안고 있다. 만약 학생들이 단지 금요일에 치르는 시험을 위해 어떤 정보를 알아야 할 필요가 있다면, 학생들은 시험 치는 당일까지 그 정보를 암기하고 그 이후엔 빨리 잊어버려야 할 것이다. 만약 학습한 그 정보가 실생활에 있어서 학생들에게 의미를 갖는다면, 보다 장기기억 속으로 저장될 것이다. 학생들에게 배울 학습이 개인적으로 중요하다는 것을 이해하도록 도와줌으로써 수업을 시작하라. Marzano는 그의 저서 가르침의 예술과 과학 : 효과적인 수업을 위한 종합적 틀(*The Art and Science of Teaching: A Comprehensive Framework for Effective Instruction*, 2007)에서 Lipsey와 Wilson(1993)이 목표설정의 효과 크기를 알아보기 위해 204편의 연구를 종합한 메타분석의 결과를 인용하고 있다. 효과 크기는 특정의 수업전략을 사용했을 때의 그 효과에 관한 자료를 제공해준다. "만약 내가 수업시간에 이 전략을 사용한다면 학생들의 학습에 미치는 효과는 평균적으로 얼마나 될까? 이 경우에 효과 크기는 0.55였다. 이것은 그들이 검토한 204편의 연구에서 목표설정을 효과적으로 채택한 수업에서의 평균점수가 목표설정을 채택하지 않은 수업에서의 평균점수보다 0.55 표준편차가 큰 것임을 의미하는 것이다."(Marzano, 2007, p. 11) 효과 크기는 또한 백분위 점수로 해석될 수 있다. 이 경우에 학습을 위해 목표를 설정했을 때 학습에서의 평균득점은 백분위 21이 향상되는 결과였다.

개인적 중요성은 많은 측면에서 검토될 수 있다. 그 몇 가지 예를 들어보면 다음과 같다.

- **즉각적 필요를 충족시키는 개인적 목표.** 만약 도심지역의 학생들이 수학에 대한 기본 지식을 학습한다면, 이것은 학생들이 거리에서 속임을 당하는 것을 막아주는 데에 도움이 될 것이다. 또 다른 예는 학점을 취득하기 위한 시험을 막 치르려고 하는 학생을 들 수 있는데, 이 학생은 그 시험을 준비하는 데에 도움이 될 학습에 보다 주의를 집중하게 될 것이다.
- **특정 집단에 대한 학생의 자존감을 증진시키는 개인적 목표.** 친구들에게 감명을 주고 싶어하거나 부모나 어떤 학교집단으로부터 주의나 애정을 받고 싶어 하는 학생은 다른 개인이나 집단에게 중요한 의미를 가지는 주제에 보다 주의를 기울일 것이다.
- **장기적인 속성을 지닌 개인적 목표.** 학생들은 그들의 즉각적인 삶에 있어서 기울기를 공부하는 것이 어떤 관련성을 가지는지 이해하지 못할 수도 있지만, 훗날 수학 우수반

에 들어가기 위해서는 기울기에 관한 정보를 알아야만 한다는 것을 인식하게 될 것이다. 또한 국제금융 분야에서 일하고 싶어 하는 학생은 다른 국가들의 문화에 관한 학습이 중요하다는 것을 알 것이다.

교사는 학생들에게 왜 어떤 것이 알거나 행하는 데에 중요한 것인지를 구체적으로 질문하고 싶을 수도 있다. Marzano와 Kendall(2008, p. 148)은 교사들에게 다음과 같은 문제를 제기하고 있다.

그것이 여러분에게 얼마나 중요한가?
여러분은 그것이 왜 중요하다고 생각하는가?
여러분은 그것이 중요한 몇 가지 이유를 제시할 수 있는가?
여러분의 생각이 얼마나 논리적인가?

2. 학습에 있어서 자기효능감의 발달

뇌에 의해서 조사된 두 번째 준거는 자기효능감(self-efficacy)이라고 하는 것이다. 자기효능감은 자기존중감과 관련이 있지만 자기 자신에 관한 감정이나 신념에 기초하고 있다는 점에서 자기존중감과는 다르다. 내가 전에 그 일을 시도해 본 적이 없다 하더라도 나는 그 일을 할 수 있다고 믿을 수 있다. 이것은 중요한 것이긴 하지만, 자기효능감은 사실에 기초하고 있기 때문에 보다 강력하다. 나는 전에 수학을 잘했기 때문에 보다 어려운 수학 과제를 수행할 수 있다는 것을 안다. 이것이 학생들이 교실에서 성공을 경험하는 것이 중요한 이유 중의 하나다.

자기효능감은 또한 자기 자신이 성공할 자격을 갖고 있다는 신념이다. 자격은 능력, 자원 및 상황에 대한 지배력에 기초하고 있다. 어떤 학생은 자신이 수학 과제를 수행할 수 있는 능력이 있다고 믿을 수 있지만, 그 과제를 수행하기 위한 자원을 충분히 갖고 있지 않을 수도 있다. 많은 학생이 이런 점에서 포기할 것이다. 또 다른 예를 들면, 능력과 자원이 있지만 가정환경이 공부할 분위기가 아니라서 과제를 완성할 수 없다고 믿는 학생들이 있을 수 있다. 우리는 가정환경을 변화시킬 수는 없지만, 공부할 장소를 제공하는 것을 도울 수 있다. 교실에서 교사가 학생들이 자기효능감을 가질 수 있도록 하는 방법을 몇 가지 소개하면 다음과 같다.

- 성공의 기회를 제공하라. 이 말은 "정보의 효력을 약화시켜라."는 것을 의미하는 것이 아니다. 학생들에게 열등감을 조장하는 교육은 자기존중감이나 자기효능감을 형성하지 못한다. 학생들에게 성공할 수 있는 자격을 갖고 있다는 확신을 불러일으키고, 자주 피드백을 제공하라. 피드백은 정적 강화(잘 수행하고 있는 것에 대해)와 필요한 경우 개선을 위한 제안을 담은 것이어야 한다. 그저 "잘했어"라는 말은 피드백이 아니다. 단원 속에 성공을 축하하기 위한 기회를 만들어라. Jensen(2010)은 "새 단원을 마친 것을 모두가 축하하는 노래를 부르는 것과 같은 작은 행사 의식이 장기적으로 보면 교실 분위기를 따스하게 하고 긍정적인 성취를 강화해나가는 데에 도움이 될 수 있다."(p. 68)고 말한다.
- 적절한 지시와 학습 기회를 제공함으로써 학생들의 능력을 구축하라. 학생들이 학습할 때 적절한 지시와 안내를 하고, 학습할 수 있는 적절한 시간이 있고 피드백을 제공받는다는 사실을 학생들에게 확신시켜라.
- 학생들로 하여금 자신의 학습목표를 개발하도록 격려하라. 모델링에 의해서 이를 행하라. 학생들이 볼 수 있도록 교실에서의 학습을 위한 교사의 목표를 제시하라. 학생들이 자신의 진전 상황을 확인할 수 있도록 종종 그 목표에 거슬러 올라가라. 저학년의 경우, 학습을 위한 상징기호를 사용하고, 학부모에게 교실학습의 목표를 알려줘라. 그리고 교사의 학습 사이트에 학습목표를 올려놓아라.
- 학습이 시작되기 전에 학생들에게 학습에 대한 기대를 제공하라. 가능하다면 학습에 대한 기대를 기술하는 것이 좋다. 기대는 매트릭스(matrix)나 루브릭(rubric, 다양한 학생들의 수행을 준거에 의해 목록화하여 준거에 따른 등급을 결정하고 점수화하기 위한 도구)의 형태일 수도 있고, 혹은 단순히 글로 써서 학생들에게 주어질 수도 있다. 이렇게 함으로써 교사는 학생들이 학습하지 않았던 것을 평가하는 우를 범하지 않게 된다.

3. 학습, 교실, 교과목 및 동료 학생들에 대한 학생의 감정

만약 여러분이 긴장이나 공포가 감도는 정서적 풍토의 교실에서 지낸 바가 있다면, 학생들이 학습에 대해서 어떻게 느끼는가 하는 세 번째 준거가 왜 그토록 중요한 것인가를 이미 알고 있을 것이다. 인간의 종(種)이 생존해 온 것은 뇌가 우선권에 따라 정보에 주의를 기울이기 때문이다. 만일 우리가 신체적이든 정서적이든 어떤 경우이든 위협을 받게 되면, 우리의 뇌는 다른 어떤 자극보다도 위협에 주의를 기울인다. Jensen(1997)이 말한 바와 같이 "뇌간은 부정적인 스트레스하에 있는 여러분의 행동을 지배하는 뇌의 한 부위이며, 어떤 위협에 대해서든 가장 반응적이다. 위협적이라고 자각될 때 과도한 코르티솔(cortisol, 부신피질에서 생기는 스테로이드 호르몬의 일종)이 몸속으로 방출되어 고차적 사고가 여러분이 생존하도록 도와줄 수 있는 자율기능에 물러서도록 하게 한다." Goleman(1995)이 그의 저서 정서지능(*Emotional Intelligence*)에서 시간에 따른 스트레스의 영향에 대해 말하고 있다. 그의 말에 따르면, 개인이 스트레스를 받게 되면 "스트레스가 우리를 어리석게 만들기" 때문에 기억하고 학습할 수가 없으며, 또한 분명하게 의사결정을 할 수가 없다.

앞에서 언급한 세 가지 준거가 모두 같은 비중을 갖고 있는 것은 아니다. 예를 들어, 어떤 학생은 수학에서 기울기에 관한 학습의 중요성을 이해하지 못하더라도 교실을 좋아하고, 교사를 존경하며, 과거에 수학에서 긍정적 경험을 했고, 그래서 수학 교과가 자신에게 적절하다고 인정할 수 있는 기회를 줄 것이라고 여길 수도 있다. Marzano(2001a)의 말에 의하면, "만약 과제가 중요한 것으로 판단되거나, 성공할 확률이 높거나, 긍정적 결과가 나타나거나 연합된다면, 개인은 새로운 과제에 몰두하려고 하는 동기가 높아질 것이다. 만약 새로운 과제가 적절성이 떨어지거나, 성공할 확률이 낮거나, 부정적 결과와 연합된다면, 과제에 몰두하려고 하는 동기는 낮아질 것이다."

그림 1.2는 학습의 자기체계 단계 중에 뇌 속에서 일어나는 의사결정 과정을 간단한 용어로 도식화한 모형이다.

다문화 교실에서 학생 동기의 향상에 중요한 영향을 미치는 측면은 교사가 교실과 학습을 문화적으로 반응하도록 만들었는가에 달려 있다. 집단의 노력을 중시하고 계발하는 문화에서 자란 학생들은 우리의 전형적인 개인주의적이고 경쟁적인 교실에서는 매우 불편함을 느낄 수 있다. Zeichner(2003)는 문화적으로 반응적인 수업 프로그램에 대해 다음과 같이 논의하고 있다.

> 문화적으로 반응적인 수업은 두 개의 중요한 요소를 포함하고 있다. 하나는 학생들의 언어와 문화 및 일상 경험의 측면들을 학교교육의 학업적 및 사회적 상황에 통합한다는 것이고, 다른 하나는 학생들이 교실의 사회적 역동성에 충분히 참여할 수 있도록 학교의 규범과 관습(예 : 교실의 문화)을 분명하게 가르치는 일이다.(p. 101)

교사는 학생들에게 지배적인 문화와 비지배적인 문화, 그리고 그 차이점을 이해하도록

그림 1.2 》 뇌의 자기체계에 대한 설명

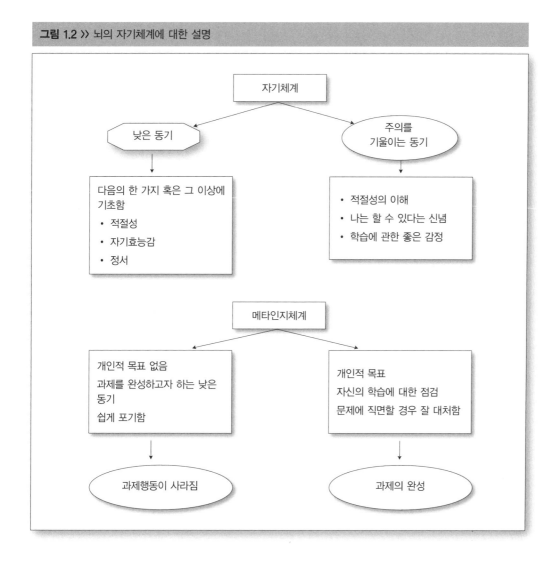

도우면서 학생들의 문화를 중요시 여기는 이중문화양식을 가르칠 필요가 있다.

비록 교육의 목표가 학습을 촉진하는 데에 있다고 하더라도 때로는 외부 요인들이 학습과정을 방해하기도 한다. 이러한 방해 요인들 중의 하나가 스트레스이며, 학생들에게 통상 스트레스를 주는 것은 위협이다. Jensen(1998)의 말에 의하면, "위협은 뇌세포를 손상시킨다. 또한 위협은 신체의 화학적 작용을 변화시키며 학습에 영향을 미친다." 스트레스는 화학적으로 장기적인 사실 기억들을 저장하도록 여과시키고 도와주는 뇌의 부위인 해마(hippocampus)에 영향을 미친다. 학생을 당황하게 만들고, 과제 제출기일을 비현실적으로 정하고, 학생의 언어구사능력이 부족하고, 학습스타일이 부적절하며, 교실문화가 불편한 것은 교실에서 위협이 되는 몇 가지 예들이다(Jensen, 2010).

몇 년 전에 나는 긍정적 풍토가 학생의 학습에 지대한 영향을 미친다는 것을 확인해 준한 고등학교의 재구조화 프로젝트에 참여한 바 있다. 우리의 교직원들은 절망에 빠져 있었다. 우리는 학생들이 질 높은 수준의 학습을 하고 있지 않고, 학교에 오기를 원하지 않는다는 것을 알고 있었다. 높은 낙제율이 이를 증명하였다. 우리는 학생들의 기분이 어떠한지 이해하고 있었다. 왜냐하면, 우리 또한 기진맥진한 상태에 있었기 때문이다. 시험점수는 기껏해야 평균 정도였다. 높은 낙제율 외에도 출석률이 저조하고 훈육문제가 항상 뒤따랐다. 그래서 우리는 함께 모여 학교가 잘못되고 있다고 생각하는 것들과 우리가 원하는 종류의 학습장소가 되도록 하게 하는 것들의 목록을 만들었다. 우리는 자신의 과제를 수행하였다. 우리는 연구를 수행하였고, 전문가를 초청하기도 하였다. 우리는 학습을 촉진하는 요인과 학습을 방해하는 요인이 무엇인지 15일 이상의 연수교육을 적극 받았다. 아동들이 어떻게 학습하는가에 관해서 보다 많은 것을 알게 되었을 때, 우리는 교수와 학습에 관한 태도가 달라졌으며, 우리의 학교를 당연히 그러해야 된다고 믿었던 종류의 학교로 바꾸었다.

우리 학생들이 새학기에 돌아왔을 때, 우리의 학교는 전혀 다른 종류의 학교 모습으로 탈바꿈해 있었다. 새학기 첫날, 우리는 교실 앞에 서서 학생들에게 격려의 말을 통해 지도조언해 주었다. 우리는 학생들에게 최선을 다해 공부하라고 격려했고, 과거 어느 때보다도 훌륭한 교사가 되겠다고 학생들과 약속하였다. 학생들은 교실에서 성공하려면 무엇을 해야 할 필요가 있고, 그 필요한 일을 하면 성공하게 될 것이라고 여러 차례 들어왔을 것이다. 우리는 학생들에게 우리의 학교에는 더 이상 그와 같은 말을 하는 우를 범하는 일이 없을 것이라고 말하였다. 우리는 수업시간에 마치 우리가 모든 것을 알고 있는 척척박사인 것처럼 가르치는 것을 중단하였고, 학생들로 하여금 학습에 능동적으로 참여하게 하였다. 우리는 학생들이 학습하는 것을 실생활에 적용하여 가르쳤고, 학생들에게 학습은 그들의 세상과 관계가 있다는 것을 수업 전과 후에 말해 주었다. 우리는 학생들이 창의성을 발휘하고, 학습한 것을 실생활과 관련시키고, 반성적 사고를 하도록 격려하였다. 우리는 학습이 존중되고 촉진되는 교실분위기를 창출하였다.

그 해 10월, 학생들이 졸업하기 위해서 반드시 통과해야만 하는 국가시험이 실시되었다. 교직원으로서 우리는 스스로에게 점수가 이전보다 향상되지 않았더라도 낙심하지 말자고 다짐하였다. 우리는 단지 2개월만 과거와 다르게 가르쳐 왔기 때문에 그 같은 짧은 기간 동안에 지식의 결핍을 보상할 길이 없었다. 점수가 발표되었을 때, 너무나 많은 향상이 있었기 때문에 우리는 우연한 일이었다고 생각했다. 과거에 단지 28%의 학생들만이 국가시험의 모든 부분을 통과했지만, 이번 시험에서는 67%의 학생들이 모든 부분을 통과했다. 우리는 당황했다. 2개월 동안 그 많은 자료를 학생들에게 가르칠 수 없었다는 것을 잘 알고 있었기 때문이다.

그 해 겨울, 오스틴에 있는 동안 나는 Madeline Hunter가 진행한 뇌 연구에 관한 세미나에 참석하였다. 그녀는 먼저 1970년대의 연구인 플라시보 효과(placebo effect)에 대해서 말했다. 이 연구에서는 실험집단에게 바이러스 치료를 위해 페니실린을 주사했다고 말했다. 그러나 사실은 페니실린이 아닌 가짜 주사약을 투여했던 것이다. 그럼에도 불구하고 실험집단의 1/3이 증세가 호전되었다. 그녀의 새로운 연구는 만약 가짜약을 주는 의사가 실험집단에게 페니실린을 주사하고 있다고 믿고 또한 이 집단에 대해 확신을 갖고 있다면, 집단의 반 이상이 증세가 호전될 것이라는 것을 보여주었다. 당시 나는 우리의 학생들에게 무엇이 일어났는가를 깨달았다. 처음으로 한 집단으로서 우리는 모든 아이들이 학습할 수 있다는 믿음을 갖고 있었다. 우리는 학생들에 대해서 그와 같은 사실을 확신하고 있었기 때문에 67%라고 하는 반 이상의 학생들이 국가시험에서 좋은 점수를 받았던 것이다. 정서가 뇌에 미치는 영향은 지대하다. 우리가 학교에서 정서적 힘을 잘 이용하기 시작한다면 엄청난 일들이 가능하다.

David Sousa(2006)는 그의 저서 뇌는 어떻게 학습하는가(*How the Brain Learns*)에서 뇌에 대한 정서의 중요성에 대해서 말하고 있다. 그는 정서적 반응들이 실제로 뇌의 인지정보 처리능력을 감소시킬 수 있다고 언급하고 있다.

> 우리는 모두가 분노, 미지에 대한 두려움, 혹은 즐거움이 우리의 이성적 사고를 재빨리 압도했던 경험을 가지고 있다. 이러한 의식적 사고의 압도는 일시적으로 말하거나 혹은 움직이지 못하도록 할 만큼 강력한 것일 수 있다. 이러한 일이 발생하는 이유는 해마가 인지 기능과 장기기억을 억제할 수 있는 스트레스 호르몬에 영향을 받기 쉽기 때문이다.

교실에서 신체적으로든 정서적으로든 간에 위협을 받고 있다고 느끼는 학생들은 생존양식 속에서 움직이고, 학습은 그 양식 속에서 일어날 수 있어서 학습에 무척 어려움을 갖게 된다. 만약 어떤 학생이 그가 행하는 것이 무엇이든 간에 교사를 결코 기쁘게 해 줄 수 없다고 느낀다면, 만약 어떤 학생이 아무리 열심히 하더라도 교과 내용을 전혀 이해할 수 없다고 느낀다면—그 위협이 사실적이든 지각된 것이든 간에—그 학생은 그러한 환경

속에서 자신의 잠재력에 결코 미치지 못할 것이다.

뇌친화적 환경의 조성

교사로서 우리는 학생들의 교실 밖 생활을 통제할 수는 없지만, 학생들에게 매일 좋은 환경을 제공할 수 있다. 우리는 교실 내부의 환경이 풍요롭고(의미 있고, 몰입할 수 있는) 지지적이 되도록 보장함으로써 좋은 환경을 제공한다. 풍요롭고 지지적인 환경을 조성하는데에 도움이 되는 요소들로는 소속감, 성취를 위한 강한 지지, 권한 의식, 보다 많은 진입로, 모든 학생에 대한 지지, 학생들의 회복탄력성 등이 포함된다.

소속감

우리는 누구나 어디엔가 소속하기를 원한다. 우리는 남들이 하는 경험을 함께하고 있고, 남들로부터 수용되고 있다고 느끼고 싶어 한다. 학생들이 어떤 이유로 수용되고 있지 못하다고 느낄 때, 그들은 부정적인 소속 장소를 찾으려고 하는 경향이 있다. 우리 학생들의 생활에서 갱 집단이 활개 치도록 만드는 것은 이 때문이다. 갱 집단과 다른 부정적인 영향들이 종종 긍정적인 장면에서 충족되지 않는 욕구를 채워주기도 한다. 교육자로서 우리는 학생들이 안전하고 수용되고 있다는 느낌을 줄 수 있는 환경, 즉 모두가 함께하고 있다는 느낌을 줄 수 있는 환경을 조성해 주어야만 한다. 우리는 학생들에게 성공하기 위해서는 무엇을 해야만 하는가를 수업 전에 말해 준 다음에 설정해 놓은 준거에 따라 충실하게 가르치기만 하면 된다.

학생들에게 성공에 필요한 도구들을 제공해 준 다음에 성공을 쟁취할 수 있는 기회를 허용해 주어라. 나는 실패하기를 원하는 학생을 만나 본 적이 없다. Hanson과 Childs(1998)는 시카고, 휴스턴, 노퍽에 있는 학생들을 대상으로 학교에서 가장 걱정거리가 무엇인가에 대해서 조사한 결과를 발표하였다. 첫 번째 걱정거리가 학교에서의 실패(51.77%)였다. 교사로서 우리는 그러한 걱정을 부추기거나 제거하는 힘을 갖고 있다.

성취를 위한 강한 지지

교사와 학생은 질 높은 공부를 기대한다. 우리가 좋지도 나쁘지도 않은 평범한 학습을 수용할 때, 이는 학생들을 모욕하는 것이다. 학생들은 성공하기 위해서 무엇을 해야 되는가에 관해서 매우 명확한 안내를 받고, 그러한 성공을 가능하게 만들기 위해서 필요한 도구들과 성공을 실행하기 위한 충분한 시간을 제공받는다. 기대는 학교 전반을 통해서 일관성 있게 이루어진다. 즉, 학생들은 어느 한 교실에서 질이 떨어지는 초라한 일을 그만두고 다른 교실에서 최선을 다하도록 기대될 수는 없는 노릇이다. 힘이 넘치고 영향력 있는 수학교사인 나의 한 친구는 그녀의 교실에서 "나는 여러분이 겪어 본 교사 중에서 가장 훌륭한 교사가 될 것을 약속합니다. 여러분은 과거 그 어느 때보다도 가장 수학을 잘하는 훌륭한 학생이 될 것을 약속하겠습니까?"라는 의미의 표시를 한다. 수학에서 과거에 전혀 성공적이지 못했던 학생들이 그녀의 교실에서 성공적이다. 그것은 태도의 문제이다.

지난 세기에 교사들에게 주어진 공통된 슬로건은 '될 때까지 그런 체하라'는 것이었다. 그 슬로건은 교사들이 모든 학생이 학습할 수 있다고 믿고, 그 믿음대로 결과를 나타낼 것이라는 생각을 가지면서 적어도 그 믿음을 갖고 있는 체하도록 이끌기 위한 노력이었다. Jackson(2009, p. 81)은 "이러한 접근의 문제점은 교사의 관점이 먼저 변하지 않고 행동만 조절한다면 조만간 교사의 진정한 기대는 사라질 것이라는 점이다. 기대는 무엇인가 일어날 것이라는 신념이기 때문에 교사의 행동은 교사의 진정한 믿음을 드러낼 것이다."라고 말하고 있다. 진정한 믿음과 말로만 그런 체하는 것과는 또 다른 예는 교사가 다문화 학생들을 가르치는 방식에 있다. 교사들은 인종차별 없이 모든 학생을 동등하게 다룬다고 말하곤 한다. 그렇지만 그들의 교실을 방문해 보면 벽에 걸린 자료나 물건, 교사가 만든 자료는 교사와 같은 문화를 가진 사람들에 관한 것이다. 차별을 하지 않는 것과 문화적으로 반응적인 교실을 제공하는 것 사이에는 큰 차이가 있다. Jackson(2009, p. 82)이 언급한 바와 같이 "교사의 기대는 자신의 교수상황과 교수능력에 대해 믿는 것과 중요하다고 믿는 것 간의 공통부분이다. 따라서 교사가 자신의 학생들을 도울 수 있다고 믿고 또한 학생들을 돕는 것이 중요하다고 믿을 때만 비로소 학생들에 대해 높은 기대를 가질 수 있는 것이다."

권한 의식

우리는 누구나 자신에게 일어나는 일에 대해 어느 정도 권한을 갖고 있다고 느낄 때 둘러싼 환경에 대해 훨씬 기분 좋게 느낀다. 학생들은 그들의 일상적인 삶에 영향을 미치는 결정에 참여되어야 한다. 여러분 학교의 정책과 규율들을 살펴보고, "그것들이 얼마나 많이 필요한 것인가? 그리고 그것들이 더 이상 적용되지 않지만 어떤 점에서 과거에 필요하다고 여겨졌기 때문에 계속 존재하고 있는 것은 얼마나 되는가?"라고 질문을 던져보라. 우리가 혁신적으로 변화시킨 학교에서는 기존의 규율을 모두 없애고, 시대적으로 학생들과 교직원 및 지역사회가 진정으로 필요로 하는 것에 기초하여 규율 목록을 다시 만들었다. 당시 그토록 많은 규율들을 간단하게 줄인다는 것은 놀라운 일이었다. Hanson과 Childs(1998)는 "긍정적 풍토를 가진 학교에서의 정책들은 윈/윈(win/win) 결과를 격려하고 추구한다."고 말하고 있다. Covey(1989)는 윈/윈을 "모든 인간의 상호작용에 있어서 끊임없이 상호이익을 추구하는 마음의 틀"이라고 기술하고 있다. 윈/윈 해결은 모든 당사자가 결정에 대해 좋게 느끼고 기꺼이 실행 계획을 따르겠다고 느끼는 것을 의미한다. 윈/윈은 세상을 '경쟁의 투기장'이 아니라 '협동의 장'으로 본다. 교실에서 우리가 학급규율을 정할 때 학생들을 참여시키고 과제를 부과할 때 학생들에게 선택의 기회를 줄 때, 우리는 학생들에게 권한을 주고 있는 것이다. 사실, 우리가 학생들에게 선택의 기회를 줄 때마다 그들에게 권한을 주고 있는 것이다.

우리가 재구조화한 고등학교에서, 나는 이처럼 학생들에게 선택의 기회를 주는 원리의 적용이 놀라운 결과를 가져오는 것을 보았다. 우리는 끈질기게 괴롭히는 훈육상의 문제를 갖고 있었다. 즉, 매일 복도에서 학생들 간의 싸움이 일어났다. 우리의 일과 중에는 15분간의 자유활동시간이 있었는데, 그 시간에는 학생들이 과제를 하기 위해 교실을 빠져나와 도서관에 가거나 음료수를 마시며 친구들과 대화를 나누는 휴식시간으로 이용할 수 있도록 계획된 것이다. 학생들은 이러한 자유활동시간을 좋아했지만 교사들은 좋아하지 않았다. 그 시간에 교사들이 다루어야 할 가장 많은 훈육상의 문제들이 발생했기 때문이다. 교사들의 욕구불만이 커지자 교장 선생님은 매일 15분간의 휴식시간을 일상 계획에서 제외시켰다.

학생회에서 임명된 한 그룹의 학생들이 15분간의 휴식시간을 일상 계획에 다시 포함시킬 수 있는 방도가 없겠는지를 알아보기 위해 교장실을 방문하였다. 교장 선생님은 학생들과 타협할 수 있다고 말했다. 싸움이 없고, 학교 시설물을 파괴하는 행위가 없고, 휴식시간이나 점심시간 후에 버려진 쓰레기가 없는 한 학생들은 휴식시간을 가질 수 있지만, 어른이 싸움을 말려야 하거나, 기물파괴행위가 있거나, 휴식시간 후에 복도에 잔해가 있을 시에는 학생들은 3일 동안 휴식시간을 갖지 못할 것이라고 교장 선생님은 말했다. 현관 게시판을 통해 그날 휴식시간이 있는지 없는지를 학생들에게 알렸다. 시간이 지남에 따라 학생들의 행동에 엄청난 변화가 일어났다. 학생들은 학교 일과전과 방과후에 교실 사이를 순찰하였다. 어떤 학생들의 경우엔 15분간의 휴식시간이 학교에서 남자친구 혹은 여자친구를 만나고, 싸움을 일으켜 전 학생들이 휴식시간을 갖지 못하도록 만든 학생에게 비통함을 표현할 수 있는 유일한 시간이었다. 어느 날 오후, 나는 교실 문 밖에서 소란피우는 소리를 들었을 때 수업이 끝남을 알리는 벨소리를 기다리면서 어느 학생의 책상에 앉아 있었다. 교사들이 한 명도 보이지 않았으며, 내가 학생의 책상에 앉아 있었기 때문에 어느 누구도 내가 거기에 있다는 것을 알지 못했다. 2명의 학생들이 싸우려고 하고 있었다. 그들은 서로를 째려보면서 말다툼을 하고 있었다. 내가 복도에 도달하기 전에 이미 10~15명의 학생들이 화난 학생들 사이에 끼여 벌칙이 결정적일 수 있는 게임에서 프로 운동선수들이 하는 것과 마찬가지로 그들을 말리고, 그들에게 말을 걸며, 그들의 분노가 가라앉도록 하고 있었다. 이것이 그 학교에서의 규범이 되었고 시간이 흐름에 따라 훈육상의 문제가 현저히 줄어들었다.

보다 많은 진입로

학교는 학생들에게 신체적으로나 정신적으로 중도에 낙오하도록 많은 기회를 제공하고 있다. 은유적으로 표현하면, 이러한 기회는 출구로(off-ramps)이다. 우리가 필요로 하는 것은 학생들이 학교와 코스에 몰두하도록 하기 위한 보다 많은 진입로(on-ramps)이다. 첫째, 학교는 대학진학을 위한 입시 교과뿐만 아니라 직업준비를 위한 실제적이고 의미 있는 교과에 있어서 선택의 기회를 많이 제공함으로써 보다 많은 진입로를 제공할 수 있다. 교과들을 유심히 살펴보면서 몇 가지 비판적인 질문을 던져보라. 학생들이 시장성의 기능들을 갖기 위해서 정말로 알아야 하고 할 수 있어야 하는 것이 무엇인가? 학교에서 방치되고 있는 학생들이 있는가? 우리는 학생들에게 보다 많은 기회를 제공하기 위해서 지역의 주요 대학들과 협력할 수 있는가? 학생들은 고등학교에서 2년간의 연합학위 프로그램을 마치는 데에 도움이 될 교과들을 왜 접할 수 없는가? 사실, 대부분의 교과들은 대학들과의 협력적인 노력을 통해서 가르쳐질 수 있다. 학생들은 화상회의와 원격학습을 통해 2년의 전문대학 학위를 갖고 고등학교를 수료할 수 있다.

둘째, 우리는 교육과정 내에서 학습양식과 다중지능과 연계하여 다양한 선택의 기회를 제공함으로써 진입로를 제공할 수 있다. 개별 프로젝트는 학생들에게 산출물을 위한 선택의 기회를 제공하는 데에 기본이 된다. 교사는 교실에서 프로젝트 활동을 위한 준거를 설정하지만 그 활동 내에서 선택의 기회를 학생들에게 제공하며, 또한 학생들에게 학습의 산출물을 위한 다양한 기회를 제공함으로써 활동의 질을 떨어뜨리지 않으면서 학습의 깊이를 강화한다. 다양한 기법으로 가르치는 교사들은 학생들로 하여금 다양한 양식 — 운동 감각적, 청각적, 시각적 — 으로 학습하도록 하기 때문에 학생들에게 보다 많은 성공의 기회를 제공한다.

셋째, 학교는 학생들이 실패하거나, 실수를 범하거나, 규율을 어긴다면 그것을 극복할 수 있다는 것을 그들로 하여금 알도록 지도함으로써 진입로를 제공할 수 있다. 나는 실수란 가망이 없다는 것을 의미하는 것이 아니라는 것을 학생들이 안다면 그들을 구출할 수 있다고 확신한다. 나는 우리가 해야 할 일에 대해서 책임을 가져야 할 필요가 있지만, 또한 우리는 학생에게 닥친 문제가 무엇이든 간에 그가 극복할 수 있다는 희망을 저버리게 해서는 안 된다고 믿는다.

모든 학생에 대한 지지

나는 과거에 학생 수가 3,000명인 도심지 소재 고등학교의 에어컨이 없는 3층 교실에서 학생들을 가르친 적이 있다. 폭행을 하거나, 절도를 하거나, 주차장에서 타이어를 구멍 내거나 하는 등 약간의 폭력행위 없이 하루가 지나가는 일이 거의 없었다. 나는 담당 학생들을 애정을 갖고 대했다. 학생들은 매일 그저 학교에 오는 희생양이었다. 학생들이 나로부터 배운 것보다는 내가 그들로부터 배운 것이 훨씬 많았다. 폭력행위가 일상인 그 환경 속에서 내가 배운 한 가지 중요한 교훈은 모든 학생이 지지(支持)를 필요로 한다는 것이었다. 모든 학생에게 누군가가 자신의 어깨 너머로 지켜보고 있고, 얼마나 자주 결석을 했는지, 실패의 위험에 처해 있지는 않은지, 졸업에 필요한 교과들을 잘 이수하고 있는지, 교실에서 어떤 문제를 갖고 있지는 않은지를 알고 있다는 것을 인식시켜주어야 한다.

우리는 소규모 학교가 교사와 행정가들에게 학생들을 개인적으로 이해도록 하기 위한 기회를 제공해주기 때문에 대규모 학교보다 소규모 학교가 더 좋다는 것을 알고 있다. 그러나 우리 모두가 소규모 학교에서 일하고 학습할 위치에 있는 것은 아니다. 대규모 학교의 시대에서 대규모 학교의 건물 내에서 소규모 학교의 경험을 제공하기 위한 몇 가지 창의적인 해결책이 있다. 교사들을 팀으로 나누어 각 팀이 100명 혹은 그 이하의 학생들을 책임지고 담당하게 하는 것이 우리가 학생들이 필요로 하는 지지를 제공할 수 있었던 한 가지 방법이다. 이러한 모형에서는 각 팀들은 매일이 아니라 일주일에 한 번씩 정기적으로 만남을 가진다. 각 팀이 맡은 책임은 누가 자주 결석을 했는지, 누가 지각을 자주 하는

지, 누가 훈육상의 문제를 갖고 있는지, 누가 실패의 위험이 있는지 등을 알기 위해서 배정된 100명의 학생에 대해 점검하는 것이다. 각 팀은 이들 학생들에 대해서 개별적으로 지지와 상담을 제공한다. 각 팀은 학생들을 대신하여 다른 교사들, 행정가들, 사무직원, 학부모와 면담을 할 수도 있다.

또 다른 인기 있는 해결책은 20~25명의 학생들에 대해 책임을 지는 교사 멘토제(teacher-mentor)이다. 초등학교에서 교사 멘토는 종종 생활지도 교사(home-room teacher)라고 불리며, 중등학교에서 교사 멘토는 다른 이름을 취하지만 그 개념은 같다. 교사 멘토는 그들에게 배정된 학생들을 위한 긍정적인 학교풍토를 조성하는 데에 중요한 존재이다.

다양한 교사집단 중에서 모든 학생에게 생존기능을 갖도록 도와주는 데에 특히 중요한 집단이 있다. Werner와 Smith(1992)는 위기에 처한 아동들의 요구에 관해 말하면서 다음과 같이 제안하고 있는 Rutter의 말을 인용하고 있다. "만일 우리가 상처받기 쉬운 젊은 학생들을 도와주기를 원한다면, 위기로부터 적응에 이르기까지 삶의 궤도에 있어서 변화를 야기하는 보호적 과정에 초점을 둘 필요가 있다." Rutter는 보호적 과정으로 (a) 위기의 영향을 감소시키는 과정, (b) 부정적인 연쇄반응의 가능성을 감소키는 과정, (c) 자기존중감과 자기효능감을 증진시키는 과정, (d) 기회를 열어주는 과정을 포함하고 있다. Werner와 Smith(1992)는 "우리는 우리의 연구에서 발랄한 아동들과 성인초기에 진지한 대처문제로부터 회복한 젊은 사람들 중에서 작업 중에 이러한 과정을 목격하여 왔다. 이러한 과정들은 전문가에 의해서든 자원봉사자에 의해서든 간에 어떤 효과적인 중재 프로그램의 본질이 된다."라고 설명하고 있다.

학생들의 회복탄력성

Bonnie Benard는 아동들의 회복탄력성(resiliency) 구축 분야에서 가장 잘 알려진 저자들 중의 한 사람이다. Benard의 회복탄력성에 대한 정의(2003)를 빌리면 회복탄력성이란 역경의 상황에도 불구하고 이를 성공적으로 이겨내는 능력이라고 말할 수 있다. 아동들의 회복탄력성 구축에 중요하다고 여겨지는 몇 가지 요인을 제시하면 다음과 같다.

1. 교사
   - 가족 외에 아동들에게 가장 강력한 영향을 미치는 사람이 돌보는 교사이다(Benard, 2003).

2. 높은 기대

- 앞에서 논의한 바와 같이 학생들이 교실의 기대를 충족시킬 수 있다고 진정으로 믿는 것이 중요하다. Benard(2003)는 더욱이 높은 기대를 가진 교사는 학생들이 자신을 둘러싼 역경을 혼자서 감당하지 않도록 도우며, 또한 역경이란 지속되는 것이 아니며 역경을 물리치면 침투되지 않는 것을 이해하도록 돕는다.

3. 결핍 모델로부터의 이동

- 아동들을 수동적인 존재로 보기보다는 먼저 학생들의 강점에 기반을 두어라. 교실에서 학생들에게 말할 기회를 주고 그들의 말에 경청하라. 나는 만약 여러분이 학생들의 말을 귀담아 듣는다면 그들은 여러분에게 자신들을 가르치는 방법을 말해 줄 것이라고 말했던 한 성공적인 교사에 대한 Bonnie Benard의 얘기를 좋아한다.

Henderson과 Milstein(2003)은 학교에서의 회복탄력성: 학생들과 교육자들을 위한 회복탄력성 방안(*Resiliency in Schools: Making It Happen for Students and Educators*)이라는 그들의 저서에서 회복탄력성을 촉진하는 가정, 학교, 지역사회 및 동료집단의 특성을 다음과 같이 열거하고 있다.

- 친밀한 결속력의 증진
- 교육을 중히 여기고 교육을 받도록 격려함
- 상호작용에 있어서 매우 온정적이고 비판이 적음
- 명확한 경계(규칙, 규준, 법)를 설정하고 따를 것을 요구함
- 돌봐주는 많은 다른 사람들과의 지원적인 관계를 갖도록 격려함
- 책임을 함께 나누고, 다른 사람들에 대해 봉사하고 도움이 됨
- 주택, 고용, 건강, 오락과 같은 기본적 욕구 충족을 위한 자원에의 접근 용이성
- 성공에 대해 높으면서도 현실적인 기대의 표출
- 목표 설정과 완전 습득을 격려함
- 친사회적 가치(이타주의와 같은)의 발달과 삶의 기능(협동과 같은)을 격려함
- 지도성, 의사결정 및 의미 있는 참여를 위한 다양한 기회의 제공
- 각 개인의 독특한 재능을 인정함

비록 우리는 학생들이 학교 밖에서 그와 같은 종류의 지지를 받고 있다는 것을 보장할

수 없다 할지라도, 우리는 학생들이 매일 8시간 동안 그와 같은 지지를 받고 있다는 것을 보여주는 막강한 힘을 갖고 있다.

성공의 판단

앞에서 우리는 동기와 관련된 수업전략의 효과 크기를 살펴보았다. 질 높은 노력과 실천 없이는 좋은 결과를 기대하기 어렵다는 Marzano(2007)의 경고를 유념하는 것이 중요하다. "교육자들은 이 책에서 언급된 목표 설정과 다른 모든 전략이 학생들의 학습에 긍정적 효과를 미치기 위해서 제때에 잘 실행되어야만 한다는 것을 기억해야만 한다."(p. 12) 세상에서 가장 훌륭한 수업전략은 올바르게 실행되어 원하는 결과를 가져오는 것이다. 그림 1.3은 긍정적인 환경이 측정될 수 있는 몇 가지 방법과 성공의 지표를 보여주고 있다.

그림 1.3 》 학습을 촉진하는 환경의 지표

평가도구	성공의 지표
매트릭스/루브릭	전체적으로 학생들이 높은 수준의 성공을 나타냄
풍토조사	학교에 대한 높은 만족도, 낮은 스트레스 수준, 점수와 과제 및 평가가 공평하고 균등하다는 신념
총 실패율	감소
출석률	증가
탈락률	낮음
훈육회부	감소
개설과목	융통성 있고 적절한 스케줄, 선택의 다양성
교수방법	시각적 · 촉각적 · 청각적 도구를 포함
개별화	학생들의 배경 지식은 교수와 학습과정의 한 통합적인 부분이다.

결론

우리가 모든 학습은 뇌의 자기체계에서 시작된다는 것을 인정한다면, 우리는 자기효능감, 긍정적 풍토, 학생들의 학습동기를 야기하는 적절한 도전감을 촉진하는 데에 도움이 되는 교실에서의 과정들을 이용해야만 한다. 비록 교사가 학생들의 동기(개인 내부에서 연유하는 동기)를 직접 야기할 수는 없다 할지라도, 동기에 영향을 미치는 과정들을 활성화시키는 풍토를 조성할 수 있다. 즉, 우리는 긴장이 중간 정도이고(학습에 있어서의 약간의 긴장은 지루함을 예방한다.), 도전을 높이고, 현실적인 달성 목표를 설정하고, 성공을 위한 기반 구축에 있어서의 지지가 뒤따르는 환경을 조성할 수 있다. Pink(2009)의 연구를 비롯한 새로운 연구들은 인간의 동기는 자율성의 기회와 학습의 완전습득을 위한 도구 및 학습의 목적 발견에 의해서 촉발된다는 것을 시사하고 있다. 교사들은 학생들이 성공적이고 숙달적인 학습에 필요한 발판(scaffolding)을 제공할 수 있다. 교사들은 학습에 대한 천편일률적인 방식에서 벗어나 학생들에게 어느 정도 학습의 자율성을 허용할 수 있다.

제 2 장

학습양식에 따른 교수전략

학생들에게 가장 좋은 학습방법을 이해하도록 도와라. 학생들의 다중지능이나 선호하는 학습양식을 발견하도록 도와주는 평가를 실시하라. 그런 다음 얻은 정보를 학생들에게 그들의 학습유형이나 선호하는 학습양식에 맞지 않는 과제 난이도를 피하기 위해 활용하는 방법, 도움을 구하는 방법, 공부에 적응하는 방법, 노트 필기의 방법, 심지어 그들의 학습욕구를 보다 잘 충족하기 위한 학습과제가 무엇인지 보여줘라.

-Robyn R. Jackson

우리는 이제 지난 세기에 뇌에 관해 갖고 있던 몇 가지 생각들이 사실이 아니라는 것을 알고 있다. 예를 들어, 우리는 한때 지능은 고정적이고 변화될 수 없는 것이라고 믿었다. 새로운 연구와 최근의 연구 덕분에 지능은 삶을 통해 계속해서 변화한다는 것을 알게 되었다. 사실 우리는 적소에 신경선의 반을 갖고 이 세상에 태어난다. 이것이 우리가 하나의 종(種)으로서 생존해 온 이유이기도 하다. 즉, 이 신경선 덕분에 우리는 호흡하고, 먹고, 마시고, 삼키고, 언어를 학습하고, 우리의 세상을 이해할 수 있었다. Jensen(2006, pp. 8~9)이 언급한 바와 같이 "이러한 신경적 결합으로 인해서 유아는 먹고, 숨쉬고, 환경에 반응할 수 있다. 그러나 신경적 결합은 고정되어 있지 않다. 즉, 어떤 것은 사용하지 않아 죽기도 하고 계속 사용하여 번창하기도 한다. 뇌는 우리의 경험에 의해서 신경세포를 소실하기도 하고 새로운 신경세포를 생성하기도 하며, 신경세포 간의 연결을 소실하기도 하고 생성하기도 한다." 또한 Doidge(2007)가 기술한 바와 같이 "신경형성에 관한 연구결과에 따르면, 모든 지속적인 활동은 — 신체적 활동, 감각활동, 학습, 사고, 상상 등 — 마음은 물론 뇌를 변화시킨다."(p. 288). 이러한 신경적 가지치기는 우리의 관심, 건강, 학습에 대한 의지에 따라 우리의 삶 전반에 걸쳐 발생한다.

우리는 모든 새로운 학습의 약 98%가 감각을 통해 — 주로 시각, 촉각 및 청각경험을 통해서 — 뇌에 들어온다(Jensen, 1997)는 것을 알고 있다. (맛과 냄새 또한 학습을 위한 유용한 수단이기는 하지만 교실에서 거의 사용되지 않는다.) 사람은 대부분 자신의 학습방법에 대한 선호도를 가지고 있다. 예를 들어 듣기, 토론하기, 노트필기하기를 통해 학습하는 것을 좋아하는 사람들이 있는가 하면, 정보를 눈으로 보려고 하고 학습하는 동안에 볼 수 있도록 그 내용이 시각적으로 제시될 때 학습하기를 더욱 좋아하는 사람들이 있다. 또 그런가 하면 행함으로써 학습하기를 좋아하는 사람들도 있다. 이런 사람들은 "그저 저에게 정보만 주고 제가 해 볼 수 있도록 해주세요."라고 말하는 사람들이다.

인간 뇌의 가소성 — 다양한 자극에 반응하면서 계속해서 변하는 성질 — 은 선호하는 학습양식의 발달에 기여하는 것으로 생각된다. Sprenger(2002)에 따르면, 이러한 학습의 선호도나 강도는 긍정적인 경험을 통해서 생긴 것일 수 있다. "우리는 가장 쉽고 가장 빠른 방법으로 직면한 문제를 해결하는 뉴런의 네트워크를 사용한다. 우리가 그와 같은 뉴런을 계속해서 사용하게 되면 결합이 더욱 강해진다. 그러므로 한 청각적 학습자가 듣기와 대화를 통해 긍정적인 결과를 얻게 되면 하나의 선호도로서 계속해서 그렇게 할 것이며, 그러한 양식은 사용을 통해 강화될 것이다." 사실상 어느 학습부진아가 학업적으로 성공하기 위해서는 그에게 가장 적합한 양식으로 재교육되어야만 한다는 사실을 지적하는 강력한 증거가 있다(Jensen, 1997).

과거의 학교들은 주된 교수방법으로서 강의법에 너무 의존해 왔다. 강의를 통해 가르치는 것은 학생들이 청각적으로 학습한다는 것을 가정하지만, 뇌 연구를 통해서 우리는 대부분의 사람들이 청각적인 방법으로 학습하지 않는다는 것을 알고 있다. 단지 학생들의 약 20%만이 청각적으로 학습하며, 약 80%의 다른 학생들은 시각적 혹은 운동감각적으로 학습한다(Sousa, 2006). 강의는 강좌에 따라 나름의 존재가치를 가질 수도 있지만, 학생의 연령을 고려하면서 단지 짧은 시간 동안만 — 15분 이하로만 — 사용되어야 한다. 멀티미디어 세상에 의해 끊임없이 자극을 받고 있는 학생들이 매일 여러 시간 동안 강의를 듣고, 노트를 필기하고, 지필시험을 준비하기 위해 앉아 있을 것이라고 믿는 것은 비현실적이다. 인생은 구경만하는 스포츠가 아니라, 적극적으로 참여해야 하는 운동이다. 교육은 그러한 적극적인 참여를 반영해야 한다.

인간은 엄청난 학습능력과 학습을 가능케 하는 신경선을 갖고 이 세상에 태어난다. 만약 여러분이 지난 세기 초에 태어났더라면 여러분의 세상은 주로 듣기, 읽기, 말하기에 기초를 두었을 것이다. 라디오는 전국의 정보와 소식을 얻는 중요한 수단이었을 것이다. 책 읽기가 새로운 정보는 물론 계몽과 학습을 위한 수단이었다. 만약 여러분이 특권을 누렸다면 집에서 피아노를 연주하고 감상할 수 있는 기회가 되었을 것이다. 따라서 여러분의 뇌 회로는 듣는 것에 친숙해져 읽기와 듣기에 기초한 교육 프로그램이 여러분에게 편리했었다.

오늘날의 학생들은 태어날 때부터 멀티미디어 세상에 흡수 동화된다. 그들은 그저 듣기만 하는 것이 아니라 참여한다. 그들은 그저 앉아 있기만 하는 것이 아니라 움직인다. 세 살 아이들은 간단한 컴퓨터 기능을 수행할 수 있다. 그렇다면 오늘날의 학생들이 온종일 앉아 듣기만 하는 것이 행복하다고 생각할 수 있겠는가? 그들은 우리를 미치게 할 정도로 잠시도 가만히 있지 못한다. 그들의 뇌는 참여하도록 회로가 형성 발달되어 있다. Marc Prensky(2006)에 따르면, 오늘날의 학생들은 21세 때까지 10,000시간 이상 비디오 게임을 하고, 250,000통 이상의 이메일과 메시지를 주고받고, 10,000시간 이상 전화를 하고, 20,000시간 이상 텔레비전을 시청하며, 500,000건 이상의 광고에 노출되게 될 것이다. 따라서 교사로서 우리는 학생들이 움직임과 상호작용 없이 교실수업에 적극적으로 관여하기를 기대할 수 있단 말인가?

Marion Diamond(Diamond, Scheibel, Murphy, & Harvey, 1985)가 이끌었던 한 연구에서 새끼 쥐와 성숙한 쥐를 쥐 장난감과 함께 같은 우리에 넣어 두었다. 이러한 환경은 Diamond가 풍요로운 환경이라고 본 것이고, 다른 연구들에서는 쥐들이 뇌 성장을 보였던 환경이다. 이 연구에서 성숙한 쥐들이 새끼 쥐들에게 쥐 장난감을 갖고 놀 기회를 주지 않았다. 연구의 결과, 성숙한 쥐들은 계속해서 수지상 돌기가 성장했지만 새끼 쥐들은 수지상 돌기가 성장하지 않았다. Diamond는 "학생들에게 풍요로운 환경에 두는 것만으로는 충분하지 않으며, 학생들이 풍요로운 환경을 만들도록 도와주고 그 환경 속에서 적극적이도록 할 필요가 있다."고 결론을 내렸다.

학습이 어떻게 이루어지는가에 대한 이해를 보다 높이기 위해서 우리는 대부분의 새로운 학습을 어떤 양식을 통해서 습득하는가를 검토할 필요가 있다. 그림 2.1은 새로운 학습과 새로운 경험을 우리의 뇌 속에 가져오는 감각들 혹은 양식들을 나타내주고 있다. 뇌는 들어오는 자극의 99%를 여과하여 제거시킨다는 것을 주목하라. 이 현상은 만일 우리가

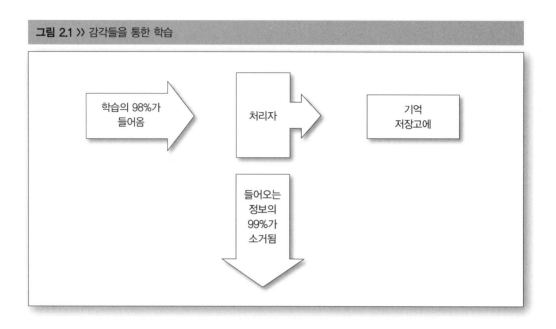

그림 2.1 》 감각들을 통한 학습

들어오는 자극에 모두 관여한다면 우리는 발작(phobic)을 일으킬 것이라는 것을 말해주지만, 또 다른 한편으로는 우리가 학생들이 기억하기를 희망했던 정보의 일부가 소실된다는 것을 말해 준다.

청각적 학습자

청각적 학습자(auditory learner)들은 듣고 토론하는 정보를 가장 잘 기억하는 사람들이다. 청각적인 정보는 뇌의 좌우 반구에 있는 측두엽에서 처리되고 저장된다(Jensen, 2006). 청각적 학생들은 교실의 약 20%를 차지한다. 그들은 강의를 좋아하고, 강의에 잘 적응하며, 전통적인 학교에서 성공하기 쉽다. 그러나 정보가 청각적 학습자들에게 개인적(personal) 의미를 가지도록 하기 위해서는 학습자에 의해 이야기되고 토론되어야 한다. 즉, 단순히 듣고 노트를 필기하는 것만으로는 충분하지 못하다. 제1장에서 나는 동기는 정보가 개인적 의미를 가지고 있다는 학습자의 신념에 부분적으로 기초하고 있다는 사실을 논의하였다. 청각적 학습자들의 경우, 그들 스스로 혹은 동료 상호 간 정보에 대해 이야기할 시간이 충분히 주어져야만 개인적 의미를 갖게 될 것이다.

내가 다른 책(Tileston, 2004b)에서 기술한 바와 같이 청각적 학습자인 학생들은 전형적으로

- 말하기 좋아하고, 자신의 동료에게 말하거나 자신의 의견을 제시할 수 있는 활동을 즐긴다.
- 사람들이 웃도록 격려한다.
- 이야기꾼이다.
- 과다활동이나 빈약한 미세운동 협응의 증후를 보일 수도 있다.
- 대체로 듣기활동을 좋아한다.
- 기억을 쉽게 잘할 수 있다.

Sprenger(2002)는 이들 청각적 학습자인 학생들을 식별하는 데에 도움이 될 수 있는 몇 가지 부가적인 정보를 제공하고 있다. 교실에서 청각적 학습자들은 다음과 같은 방식으로 행동한다.

- 교사가 말하는 동안에 창문 밖을 쳐다볼 수 있지만 교사가 말한 것을 잘 알고 있다. 이러한 학습자는 학습하기 위해서 교사를 시각적으로 쳐다보아야 하는 상황을 필요로 하지 않는다.
- 말하고 토론하는 것을 좋아한다. 학습은 누군가와 함께 혹은 자기 자신과 토론할 기회를 가질 때까지는 의미를 갖지 못한다. 청각적 학습자는 책을 읽는 동안에 자신의 입술을 움직이는 것이 사실이다.
- 언어화할 기회가 주어지지 않으면 오랜 시간 동안 앉아 있는 것이 어렵다.

비록 청각적 학생들이 듣기에 의해서 가장 잘 배운다고 할지라도 이들은 줄곧 강의 형태로 진행되는 것에 대해서는 지치고 싫증을 나타낸다는 사실을 이해하는 것이 중요하다. Sousa(2006)의 연구와 다른 연구들의 결과에 의하면, 우리 모두는 강의를 듣고 15~20분이 지나면 지적인 능력이 떨어지는 경향이 있다고 한다. 어린 아동들의 경우엔 지적인 능력이 떨어지는 데에 소요되는 시간이 훨씬 짧은데, 대략 10분 정도라고 한다. 최근 자료들은 이러한 성인과 아동들의 시간이 '즉석' 처리되는 테크놀로지의 영향으로 말미암아 다소 감소될 수 있음을 보여주고 있다. 가령, 우리는 한때 아동이 주어진 시간에 얼마나 오랫동안 경청할 수 있는가를 알아보기 위해 아동의 연령을 사용할 수 있다고 말했다. 6세 아동의 경우 6분, 7세 아동의 경우 7분처럼 말이다. 그러나 최근 자료들은 이러한 경청시간 간격이 테크놀로지의 일상화로 인해서 줄어들고 있다는 사실을 지적하고 있다.

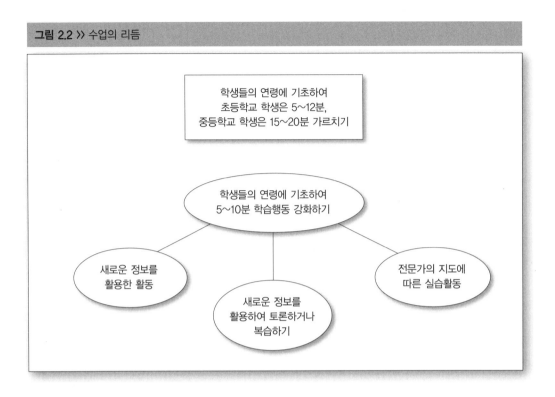

그림 2.2 >> 수업의 리듬

Sousa(2006)는 작업기억(working memory)은 순간적이라서 정보를 버려야 할지 말아야 할지를 결정하기 전에 매우 짧은 시간 동안만 정보를 처리한다. 내가 앞에서 언급한 것처럼, 정보를 처리하는 데에 걸리는 시간이 초등학생들의 경우 5~10분 정도이고, 중고등학생들의 경우 10~15분이다. 이러한 사실에 의거해 보면, 초등학교 교사들은 7분 정도만 그리고 중등학교 교사들은 15분 정도만 정보를 제공하고 나머지 시간은 그 정보에 대한 학습을 강화하기 위한 활동이나 토론을 전개해야 한다. Sousa는 수업에서 다루어야 할 적정량의 분량을 가장 잘 주의력을 기울일 수 있는 시간으로 따지고 있다. 그는 수업시간의 첫 20분 동안에 학생들이 가장 잘 학습한다고 말한다. 그러므로 새로운 정보와 가장 중요한 정보는 이 시간 중에 가르쳐야 한다. 그림 2.2는 교사가 학생의 학습을 강화하기 위해서 학습리듬을 어떻게 활용할 것인가를 나타내주고 있다.

청각적 학습자 가르치기

차별화란 교사들이 동일 수업을 여러 가지 방법으로 가르쳐야 한다는 것을 의미하는 것이라기보다는 오히려 다양한 교수기법이 활용되어야 한다는 것을 의미한다. 그것은 또한 처음에 새로운 정보를 '습득'하지 못하는 학생들에게는 그 다음엔 다른 접근—그 학생에게 보다 적합한 접근—이 채택되어야 한다는 것을 의미한다. Jensen(1997)은 학습부진아들은 교사가 그들에게 가장 적합한 양식으로 가르칠 때까지는 새로운 정보를 '습득'하지 못할 것이라고 말하고 있다.

청각적 학습자들과 함께 일하기 위한 다음과 같은 제안(Tileston, 2004c)을 시도해 보라.

- 교사가 서술적(학생들이 알 필요가 있는 것) 및 절차적(학생들이 학습과 함께 행할 수 있는 것) 목표의 적용을 통해서 학습을 안내하는 직접 수업(direct instruction)을 활용하라.
- 학생들이 서로서로 학습을 도와주는 동료교수제(peer tutoring)를 채택하라.
- 음악을 활용하는 활동을 계획하라.
- 집단토의, 브레인스토밍, 소크라테스식의 세미나를 활용하여 가르쳐라.
- 구체적인 구두(oral) 활동을 부여하라.
- 교사 및 학습자에 의한 자기대화(self-talk)를 포함하여 학습하는 동안에 언어화하라.
- 학생들 간의 상호작용을 제공하는 협동학습 활동을 활용하라.

시각적 학습자

학습양식의 두 번째 유형은 시각적 학습자(visual learner)이다. 시각적 정보는 뇌의 뒤편에 있는 후두엽에서 처리되고 저장된다. 시각적 학습자들은 그들이 볼 수 있는 정신모형을 필요로 하는 사람들이다. 내가 다른 책(Tileston, 2004c)에서 언급한 바와 같이 시각적 학습자들은 다음과 같은 학생들이다.

- 구두 지시사항을 이해하는 데에 어려움을 갖고 있다.
- 이름을 기억하는 데에 어려움을 가질 수도 있다.
- 책을 보거나 그림을 그리는 것을 즐긴다.
- 말하는 사람의 얼굴을 쳐다본다.
- 퍼즐 활동을 좋아한다.
- 세세한 사항들을 주목한다.
- 설명내용을 시각화하는 교사들을 좋아한다.
- 비언어적 조직자를 사용하는 것을 좋아한다.

그림 2.3 >> 시각적 수학 문제해결

5명의 사람을 각각 A, B, C, D, E라고 명명하자. A라는 사람은 자기 자신과는 악수를 하지 않으므로 그는 다음과 같이 악수를 하게 된다.

A+B

A+C

A+D

A+E

즉, 4번의 악수를 한다.

B라는 사람은 이미 A라는 사람과 악수를 했고 자기 자신과는 악수를 하지 않으므로 그는 다음과 같이 악수를 하게 된다.

B+C

B+D

B+E

즉, 3번의 악수를 더하게 된다.

C라는 사람은 이미 A와 B라는 사람과 악수를 했고 자기 자신과는 악수를 하지 않으므로 그는 다음과 같이 악수를 하게 된다.

C+D

C+E

즉, 2번의 악수를 더하게 된다.

D라는 사람은 이미 A, B, C라는 사람과 악수를 했고 자기 자신과는 악수를 하지 않으므로 그는 다음과 같이 악수를 하게 된다.

D+E

그림 2.3 >> 시각적 수학 문제해결(계속)

즉, 1번의 악수를 더하게 된다.

E라는 사람은 이미 A, B, C, D라는 사람과 악수를 했고 자기 자신과는 악수를 하지 않으므로 악수를 더 이상 하지 않게 된다.

출처 : Donna Walker Tileston(2011). *Ten Best Teaching Practices: How Brain Research and Learning Styles Define Teaching Competencies*(3rd ed.). Thousand Oaks, CA: Corwin, www.corwin.com. 이 책을 구입한 학교의 사이트와 비영리 단체에서만 복사 사용이 허락됨.

나는 수학이 어떻게 계산 처리되는가를 아이들에게 보여주기 위한 방법을 발견할 수 있다면 전국의 어느 아이들이든 수학점수를 즉각 향상시킬 수 있다고 확신하고 있다. 대부분의 학습자들이 시각적 학습자들이기 때문에 우리는 수학이 어떻게 계산 처리되는가를 그들에게 시각적으로 보여주기 위한 방법을 찾을 필요가 있다. 나는 청중들과 함께 일할 때, 그들에게 다음의 문제를 풀어보라고 제시한다. "만약 5명의 사람이 서로 악수를 한다면 얼마나 많은 악수를 했을까요?" 답을 찾기 위해 적용될 수 있는 공식이 있으며, 청중들 중에 수학을 잘하는 사람들은 답을 수학적으로 빨리 계산한다. 그러나 나는 답을 시각적으로 보여주는 것을 좋아한다. 왜냐하면, 그것은 수학이 어떻게 계산 처리되는가를 볼 필요가 있는 청중의 사람들에게 새로운 세상을 열어주기 때문이다. 나의 시각적 답은 그림 2.3과 같다. 왼쪽에 있는 것을 모두 합산하면 악수한 횟수가 된다. 즉, 4+3+2+1+0=10번의 악수를 하게 된다.

그런데 공식은 다음과 같다.

$$(x)(x-1)/2$$

"식품점에 있는 100명의 사람이 악수를 한다면, 얼마나 많은 악수를 했을까요?"와 같은 보다 복잡한 변형 문제는 일단 그것이 어떻게 계산 처리되는가를 이해하기만 한다면 그리 풀기 어려운 문제가 아니다.

비언어적 조직자 사용하기

시각적 학습자들을 위한 가장 효과적인 도구들 중의 하나는 비언어적 조직자(non-linguistic organizer)인데, 이것은 의미를 전달하기 위해 많은 단어들보다는 오히려 구조에 의존하기 때문에 그렇게 불린다. 이러한 조직자는 학생들이 순서, 비교, 대조, 분류와 같은 어려운 개념들을 이해하고 기억하도록 도와준다. 비언어적 조직자는 어느 학생들을 위해 좋은 교수전략이기는 하지만, 특히 시각적 학생들을 위한 중요한 도구이다.

미국 중부지역교육연구소(MCREL)에서는 가장 효과적인 교실수업의 실제에 관한 연구들을 고찰하였다. 현재 사용되고 있는 교수전략들이 학생들의 학습에 영향을 미치는지, 그리고 미친다면 어느 정도 영향을 미치는지를 알아보기 위한 연구들(메타분석)을 검증하기 위해 통제집단을 설정하였다. 이 연구는 계속 수행 중에 있지만, 비언어적 조직자의 사용에 대한 메타분석 연구들은 중요하다. 이런 연구들의 결과에 의하면, 비언어적 조직자를 배워 적절하게 사용할 때 평균에 있는 학생들의 백분위 점수가 향상되었다. 예를 들어, 만약 어떤 학급의 평균이 백분위 점수 50이라면, 비언어적 조직자가 학습에 합병되어 사용될 때 학급의 평균이 백분위 점수 79로 향상되었다. 즉, 백분위 점수 29의 차이를 가져왔다(Marzano, 2001b).

비언어적 조직자는 다음과 같은 목적을 포함하여 여러 가지 목적을 달성하기 위하여 교실학습에 효과적으로 사용될 수 있다.

- 학생들이 새로운 정보를 이전의 지식과 결합하거나 관련시키도록 도와주기 위해서. 이러한 조직자는 추상적인 개념들을 보다 시각적으로 만들기 때문에 학생들이 시각화하기 어려운 개념들을 이해하고 기억하도록 돕는다. 추상적인 개념들을 이해하는 데에 어려움을 가진 저학년 학생들은 추상적인 것을 구체화시켜 주는 일련의 시각적 모형을 사용하는 학습에 의해서 도움을 받을 수 있다. 나는 학생들에게 어려운 기능을 수행하는 것을 도와주기 위한 구체적인 모형을 제공함으로써 표준화검사에서의 학생들의 점수를 향상시킬 수 있다고 믿는다. 나는 주정부와 연방정부에서 실시하는 시험에 대비하기 위해 분투하고 있는 우리 지역의 학생들을 도와주기 위해서 일련의 시각적 모형을 제작하고 있는 동료와 함께 일하고 있다. 학생들은 자신이 알고 있는 정보를 가져와 구체적인 모형에 배열함으로써 추상적인 사고를 구체적인 개념에 보다 쉽게 전이할 수 있다. 그림 2.4는 학생이 학습하기 전에 어떤 주제에 대해서 이미 배운 지식

그림 2.4 » 다양한 모양을 이용한 마인드 맵

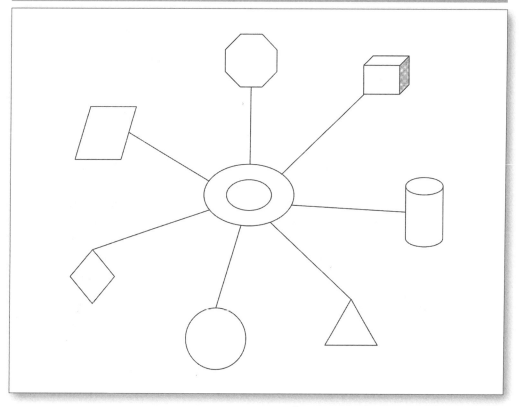

출처 : Donna Walker Tileston(2011). *Ten Best Teaching Practices: How Brain Research and Learning Styles Define Teaching Competencies*(3rd ed.). Thousand Oaks, CA: Corwin. www.corwin.com. 이 책을 구입한 학교의 사이트와 비영리 단체에서만 복사 사용이 허락됨.

을 묘사하는 마인드맵(mind map)의 한 예다. 새로운 정보가 추가됨에 따라 마인드맵은 새로운 지식을 결합하기 위한 가지가 늘어날 것이다.

• 학생들이 이해하는 데에 필요한 정신모형을 만드는 것을 도와주기 위해서. 여러분은 책의 어떤 페이지를 읽고 금방 읽었던 내용이 무엇인지 잘 알지 못하는 경우가 있었는가? 아마도 여러분은 그 페이지를 대충 읽으면서 마음은 딴 곳에 있었거나 아니면 여러분이 이해하기 어려운 책이었을 것이다. 악전 고투하는 학생들의 경우 교실에서의 경험은 마치 의미 없는 단어를 읽거나 듣는 것과 같은 것일 게다. 교사가 학생들이 정보의 의미를 이해하도록 도울 수 있는 방법 중의 하나는 그들로 하여금 학습의 정신모형을 만들도록 도와주는 것이다. 오늘날 시장에 수천 개의 서로 다른 조직자들이 있지만, 그들은 모두가 여전히 Marzano(2001a)가 다음과 같이 기술한 것과 유사한 일반적 패턴

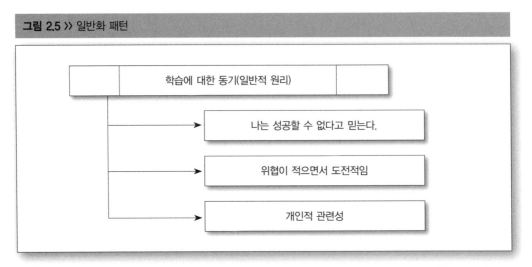

그림 2.5 >> 일반화 패턴

출처 : Donna Walker Tileston(2011). *Ten Best Teaching Practices: How Brain Research and Learning Styles Define Teaching Competencies*(3rd ed.). Thousand Oaks, CA: Corwin, www.corwin.com. 이 책을 구입한 학교의 사이트와 비영리 단체에서만 복사 사용이 허락됨.

에 속한다는 것을 나는 알게 되었다.

- 기술적 패턴은 어떤 것의 중요 속성을 기술하거나 부여하는 데에 사용되는 마인드 맵과 유사한 조직자이다.
- 계열적 패턴은 일정표 작성에 사용될 수 있는 것과 같은 그래픽 조직자이다.
- 과정/원인 패턴(때때로 물고기 뼈라고 불리기도 함)은 이미 결과를 알고 있을 때 그 원인을 알아보기 위해 사용된다. 가령, 어떤 학생은 제2차 세계대전의 원인에 관한 물고기 뼈 조직자를 사용하여 나타낼 수 있다.
- 문제/해결 패턴은 위에 문제를 제시하고 그 밑에 가능한 해결책을 제시한다.
- 일반화 패턴은 원리에 관한 정보를 제공하고 싶을 때 사용된다. 그림 2.5는 이러한 일반화 패턴을 예시한 것이다. 이 예에서 학습에 대한 동기의 문제를 살펴볼 수 있다.

• 학생들이 정보를 활용하도록 도와주기 위해서. 비언어적 조직자는 학습과정 중에 어느 때든 사용할 수 있지만, 교사가 학생들이 어떤 방식으로든 정보를 활용하기를 원하는 수업단계에서 사용하는 것이 중요하다. 이때는 학생과 교사 모두가 평가하기 이전에 개념들을 명료히 해야 할 시기이다. 이것은 실세계에 적용하는 것을 가르치기 위한 좋은 방법이다. 학생들에게 새로 학습한 것을 이해했음을 증명해 보이기 위해 실세계

에서 어떻게 활용될 수 있는지를 제시해 보라고 요구하라.

- 어렵거나 추상적인 개념을 소개하기 위해서. "그림은 천 마디 말의 가치가 있다."는 옛 격언은 아주 옳은 말이다. 논리적 문제에 어려움을 가지는 학생들이 많다. 매트릭스는 이러한 복잡한 기능을 보다 다루기 쉽도록 도와주는 시각적 도구이다.

- 학습을 평가하기 위해서. 이때 학생들에게 학습한 내용들을 열거하도록 하기보다는 "오늘 과학시간에 다룬 주요 사항들을 마인드맵 하시오."처럼 학습한 내용들을 마인드맵 하도록 하게 하라.

- 부분적으로 개인 혹은 집단 프로젝트를 부과하기 위해서. 마인드맵, 순서도(flow chart), 속성망(attribute web)과 같은 도구를 이용하여 프로젝트를 만들게 하라. 이러한 도구들은 적용력 이상의 수준에서 사용될 때 학생들 프로젝트의 중요한 산출물이 될 수 있다.

- 창의성을 발휘하도록 하기 위해서. 시각적인 학생들은 일단 시각적 모형에 노출되기만 하면 그 모형에 창의적이고 정교한 솜씨를 보태는 것이 그리 어렵지 않다.

- 사실과 개념 간의 관계를 간파하도록 하기 위해서. 인과 도식과 벤 도식(Venn diagram, 원으로 집합과 명제 사이의 이론적인 관계를 나타내는 도식)이 관계를 묘사하는 마인드맵의 예라 할 수 있다.

- 쓰기를 위한 사고를 산출하고 조직하기 위해서. 마인드맵과 성층맵(stratification map)은 학생들이 쓰기를 하기 전에 그들의 사고를 조직하는 것을 도와주기 위한 훌륭한 도구들이다.

- 새로운 정보를 이전의 지식과 관련시키기 위해서. 새 단원을 가르칠 경우 학생들의 이전 지식을 상기시켜 그러한 경험을 습득하고자 하는 새로운 지식에 적용하도록 하라. 예를 들어, 탐험가에 관한 단원을 다루기 전에 학생들에게 목표를 설정했지만 그 목표를 성취하는 데에 어려움을 겪었던 적이 있는가를 질문하라. 그런 다음 학생들에게 그 어려움을 어떻게 극복했는가에 대한 마인드맵을 작성케 하라.

- 정보를 저장하고 검색하기 위해서. 내가 좋아하는 시각자료들 중의 하나는 단어의 의미를 상징화하기 위해 삽화를 그린 것이다. 시각적인 학생들은 그들의 뇌로부터 정보를 검색할 때 삽화 그림을 볼 것이다.

- 학생들의 사고와 학습을 평가하기 위해서. 학생들에게 그 장 혹은 과에서 배운 주요 정보에 대한 마인드맵을 작성케 하라.

- 사실과 개념 간의 관계를 서술하기 위해서. 학생들이 일반적 개념과 어떤 사실과의 관계

를 파악하는 것을 돕기 위해 매트릭스를 활용하라.

시각적 학습자 가르치기

시각적 학습자들과 함께 일하기 위한 몇 가지 아이디어는 다음과 같다.

- 가르칠 때 시각자료를 활용하라. 시각적 학생들은 자기체계에 의미를 갖도록 학습하는 것을 '볼' 필요가 있다는 것을 기억하라.
- 학생들이 시각적 조직자를 사용하도록 직접 가르치고, 학생들이 그러한 사용을 자동적으로 할 수 있도록 충분한 실습의 기회를 가져라.
- 학생들에게 학습에 있어서의 패턴을 보여줘라. 뇌는 패턴과 같으며, 이해수준을 증진시키는 데에 도움이 되는 것은 이러한 패턴을 만드는 결합이라는 점을 잊지 마라.

교사가 시각적 학습자들이 정보를 보도록 도울 수 있다면, 이것은 그들이 정보를 보다 효율적으로 처리하도록 도와주고 있는 것이며, 또한 장기기억으로부터 그 정보를 보다 효율적으로 검색할 수 있도록 연결고리를 제공하고 있는 것이다. 여러분은 시험 치는 날에 "전 답을 분명히 알고 있어요. 그렇지만 생각이 나질 않아요!"라고 말하는 학생을 접한 적이 있는가? 이 경우 장기기억에 저장되어 있지만, 그 학생은 그것을 검색할 수 있는 연결고리 혹은 언어기능(언어학습의 경우)이 결여되어 있는 것이다. 사실적 정보를 저장하는 의미적 기억체계는 신뢰하기 어려운 기억체계이기 때문에 학생들이 정보를 검색하도록 도와주기 위한 연결고리를 필요로 한다. 그렇지 않으면 마치 여러분이 서점에 가서 무질서하게 선반 위에 진열되어 있는 책을 고르는 것과 같다. 이 경우 여러분은 필요한 책을 찾기 위해 전체 책들을 뒤져야만 한다.

운동감각적 학습자

세 번째 학습양식은 운동감각적 학습자(kinesthetic learner)이다. 운동감각적 정보는 영구적으로 학습될 때까지 운동피질에 있는 뇌의 상단에 저장되었다가 그 다음에 후두엽 아래 영역인 소뇌에 저장된다(Jensen, 1998). 운동감각적 학습자들은 움직임과 접촉을 통해서 가장 잘 배운다. 앞에서 제시한 악수 문제(그림 2.3 참조)에서 운동감각적 학습자들은 4명의 다른 사람들과 신체적으로 악수를 하고 악수한 회수를 헤아림으로써 문제를 해결할 것이다.

내가 다른 책(Tileston, 2004c)에서 기술한 바와 같이 운동감각적 학습자들은

- 움직일 기회를 필요로 한다.
- 모든 것에 대해 느끼고, 냄새 맡고, 맛을 보기를 원한다.
- 이웃들과 접촉하고 싶어 한다.
- 대체로 운동기능이 뛰어나고 운동을 잘한다.
- 사물이 어떻게 작용하고 있는가를 보기 위해서 분해하기를 좋아한다.
- 그들의 연령집단에 비해 미성숙하게 보일 수 있다.
- 과다행동을 보이기도 한다.

운동감각적 학습자 가르치기

Sprenger(2002)에 따르면, 운동감각적 학습자들은 다음과 같은 특성을 갖고 있다.

- 운동감각적 학습자들은 개인이 적극 참여하는 실제적인 활동을 필요로 한다. 학생들이 직접 다루어 볼 기회를 가져야만 학습은 의미를 갖게 될 것이다.
- 운동감각적 학습자들은 '등을 두드리기'와 같은 격려의 신체적 접촉과 신체적 보상에 대해 반응을 보인다.
- 운동감각적 학습자들은 움직일 수 있는 기회가 주어지지 않는다면 전통적인 장면에서 훈육의 문제를 야기할 수 있다.
- 운동감각적 학습자들은 앉아 학습하는 것에 대해 의기소침하거나(교실의 안락함이 그들에게는 중요함) 전통적인 교실에서 상당히 안절부절할 수 있다.

야외 수업, 현장 견학, 혹은 역할놀이의 기회를 제공하는 수업을 하라. 게다가 가능하다면 학생들이 교실에서 이리저리 움직이고, 집단을 바꾸고, 혹은 그저 서 있기만 해도 되는 기회를 제공하라. 우리가 서 있을 때보다 훌륭한 사고를 한다는 옛 격언은 정말 옳은 것이다. 우리가 서 있을 때 뇌에 액체의 흐름이 증대되어 보다 잘 학습하게 된다. 교실에서 이러한 점을 최대한 살려 학생들이 대답을 하거나 서로 토론을 할 때·서 있도록 하

게 하라.

교실에서 움직일 기회를 제공하는 것은 이들 학생들의 행동과 학습에 엄청난 변화를 가져올 수 있다. 이들 학생들의 요구를 충족시키기 위해서 다음과 같은 제안(Tileston, 2004c)을 시도해 보라.

- 학습에 적극 참여하는 실제적인 접근방법을 사용하라.
- 움직일 수 있는 기회를 제공하라.
- 시뮬레이션(simulation)을 적절히 사용하라.
- 음악, 미술, 손으로 교묘히 다루는 활동을 사용하라.
- 강의를 다룰 수 있는 양으로 분쇄하라(좋은 규칙은 어떤 학생에게 자신의 연령에 기초하여 단지 몇 분만 말하게 하는 것이다. 10세 아동의 경우 10분이 알맞다.).
- 발견학습을 적절히 사용하라.
- 학생들이 움직이고 동료들과 함께 말할 기회를 갖도록 토론학습이나 협동학습과 같은 기법들을 사용하라.

성공의 판단

그림 2.6은 청각적 학습자든, 시각적 학습자든, 혹은 운동감각적 학습자든 관계 없이 모든 학생에게 효과적인 교수전략을 위한 성공의 공통 지표를 나타내 주고 있다.

그림 2.6 》 다양한 학습양식에 부합하기 위해 다양한 교수전략이 사용되는 교실의 지표	
평가도구	**성공의 지표**
교수시간	뇌의 리듬에 따라 중등학생들의 경우 15~20분은 수업을 하고 10분은 학습한 것과 관련하여 무엇인가 행할 수 있도록 하며, 초등학생들의 경우엔 약 10분은 수업을 하고 나머지는 새로운 학습과 관련하여 공부할 기회가 주어지도록 시간을 짠다.
수업계획	학생들이 서 있고 움직일 수 있고, 현장 견학을 가고, 환경을 탐사할 수 있는 기회를 담아라.
수업계획	다양한 시각적 도구들이 사용되도록 하라.
학생 프로젝트	시각적 · 청각적 · 운동감각적 학습 중에서 어느 하나를 선택하여 수행하게 한다.
수업의 실제	모든 재교육이 학습자의 선호양식에 따라 행해진다.

결론

교사들은 청각적 · 시각적 · 운동감각적 양식을 모두 사용하여 정보를 기록한다 할지라도, 교사들 대부분은 어느 한 양식을 선호하고 있다. Sousa(2006)는 다른 감각적 선호도를 가진 학생들은 학습하는 중에 서로 다르게 행동할 것이며, 교사들은 자신의 학습방법을 가르치는 경향이 있다는 것을 교사들이 이해할 필요가 있다고 말하고 있다. 이것은 왜 그토록 많은 학생이 어떤 교사로부터 학습하는 데에 어려움을 갖지만 다른 교사로부터는 쉽게 학습하는가를 부분적으로 설명해주고 있다. 학생이 학습에 흥미가 없다거나 학습하기를 원하지 않는다고 해석된 행동은 사실상 교사가 부적절한 교수기법을 적용하였거나 교실에서 어느 한 양식만을 사용해 온 것에서 연유한 것일 수 있다. 세 가지 학습양식에 적합한 교수기법을 모두 사용하고 있는 교실이 질 높은 학습을 가능하게 해주는 곳이 될 것이다.

제 3 장

학생들이 사전지식과 결부시키도록 도와주기

> 학생 중심이 되는 것은, 학생들의 생활에 학습을 연관 짓는 것을 의미하는 동시에 학생 자신
> 들의 문화, 강점(지능), 관심, 목표, 꿈 등을 학습의 시작점으로 삼는 것을 의미한다.
>
> — Bonnie Benard(2003)

오늘날의 학교는 학생들이 콘텐츠에 접근하는 것을 도와주는 것에 있어서는 전에 없는 성과를 이루었다. 교실은 5년 전에 비교하면 확연히 다르다. 왜냐하면 증가하는 많은 소수 문화 출신의 학생들이 있고, 교실의 주류 문화가 급속하게 변화되었기 때문이다. 미국 인구조사국(2006)에 따르면, 2012년이 되면 교실에서 가장 우세를 유지하는 것은 히스패닉(라틴아메리카)계의 학생이고 그다음은 아프리카계, 그다음이 앵글로색슨계의 학생들일 것이라고 한다. 과거 교실의 학생들이 아닌 현재 교실의 학생들로 가르치려고 한다면, 그들이 지닌 배경지식을 고려해야 한다. 우리는 새로운 정보를 가르칠 때, 뇌가 어떤 것이 패턴을 형성하는지에 대한 사전 접속이 있다면 곧장 그것을 이해할 것이라는 것을 알고 있다.

사실, 인간의 뇌는 연관성을 찾도록 짜여진 것처럼 보인다. 우리가 새로운 정보를 접할 때마다 뇌의 체계 안에서는 그 새로운 정보를 사전지식이나 경험에 결부시키려는 노력이 있다. 그러므로 학생들이 이미 아는 것과 새로운 지식 사이에서 연관성을 찾도록 도와줄수록 긍정적인 학습경험을 제공할 수 있다.

Marzano(2007)는 필수적인 학습 목표를 가르치는 것을 학생들이 새로운 학습을 이해하고 사용하기 위해 단계적인 과정을 요구하는 비평적 조언 경험들에 관련시킨다. 예를 들어, 한 교사가 분수에 대한 새로운 단원을 소개한다고 가정하자. 이 학습의 목표 중 하나는 학생들에게 분수의 개념을 이해시키는 것이다. 또 다른 목표는 학생들이 분수로 이루어져 있는 일상생활에서의 배경지식을 사용하도록 도와줌으로써 학습에서 정신적인 모형을 형성할 수 있도록 하는 것이다.

이 교사는 학습과 기억에 필요한 정신적인 모형을 형성하도록 학생들을 분수에 대한 사전지식에 접근시키기 위해 무엇을 할 수 있는가? 교사들이 행하는 몇 가지 방법은 아래와 같은 것들이 있다(Marzano, 2007의 모형에 근거하여).

- 학생들이 이미 분수에 대해 알고 있는 것들을 찾아내기 위해 질문을 하거나 KWL 차트와 같은 도식 조직자를 제공하라. 이 수업에서 교사는 학생들에게 "몇 개의 피자를 먹었나요?" 또는 "피자를 구매할 때 피자가 분수로 조각내진 것을 알고 있었나요?" 등의 질문을 할 수도 있다.
- 새로운 수업을 예전의 수업과 연관시켜라. "올해 우리는 지금까지 정수를 공부해 왔는데, 만약 나눗셈을 하여 정수를 얻을 수 없을 때는 무엇을 할 수 있나요?"
- 학생들이 미리 새로운 수업에 대해 생각해 볼 수 있게 사전 질문을 하라. 분수에 대한 수업에서 교사는 다음과 같은 질문을 할 수 있다.
  - 피자 조각을 살 때 그것은 항상 같은 사이즈인가?
  - 몇 개의 조각들이 피자 한 판을 구성하는가?
  - 어떤 날은 피자 한 판의 1/8조각에 2,000원을 지불하는데 다음 날은 1/16조각에 2,000원을 지불해야 한다면 사기를 당한 것인가?
- 교사는 필기나 구두로 새로운 학습에 대한 간결한 요약을 제공할 수도 있다.
- 학생들이 주제나 부제, 혹은 삽화와 표를 보며 무엇에 관한 것일지를 알 수 있도록 교과서를 훑어보게 하라. 학생들은 과학기술 속에서 내내 이런 것을 한다. 그들은 본문을 읽기 전에 주제와 삽화를 먼저 볼 것이다. 아이들이 비디오 게임을 플레이하기 전에 실제로 모든 지시 사항을 전부 읽어볼 것 같은가? 그럼 그들은 무엇을 하나? 그들은 삽화와 중요한 포인트만 훑어보면 바로 게임을 한다.
- 교사는 학생들이 수업을 따라가고 핵심 포인트를 알도록 하기 위한 필기를 준비할 수

도 있다. 필기는 사전학습에 다가갈 수 있을 정도의 간략한 개요일 것이다. 나는 학기 초에 대학원생들에게 좋은 필기를 하는 방법에 대해 설명하기 위해 종종 이것을 다룬 다. 그들이 그것에 익숙해지면 교본용 필기는 회수한다.

주의 사항

학생들이 사전지식과 경험을 새로운 지식에 연결시키는 것을 돕기 위해 수업 전에 경험이나 질문들을 만 들고자 한다면, 그것은 반드시 학생들의 문화와 관련이 있어야 한다. 예를 들어, 최근에 한 친구가 나에게 몇몇 히스패닉계 학생들이 겪었던 경험에 대해 이야기해준 적이 있다. 그 친구는 멕시코에서 온 히스패닉 계 학생들이 있는 지역에 살고 있는데, 대부분의 교사들은 그들의 문화를 접해 본 적이 없어서 그들의 문 화에 대해 많은 것을 몰랐다. 학생들은 학습을 하기 전에 여름 캠프 준비에 대해 토론하였다. 히스패닉계 학생들은 여름 캠프라는 것을 경험해 보지 못해서 사실 그 개념을 잘 몰랐다. 사람들이 여름 캠프를 가기 위해 돈을 쓰는 것이 빈민가 출신의 그들에게는 터무니없는 일처럼 보였다.

Sousa(2006)는 기존 지식과 새로운 지식을 연결시키는 뇌의 과정을 전이(transfer)라는 용어로 설명하고 있다. 이러한 전이과정의 효과는 두 가지 요인에 달려 있다. 첫째는 새 로운 지식에 대한 기존 지식의 영향력이고, 둘째는 새로운 지식이 장래 얼마나 유용할 것 인지의 정도 문제이다. 새로운 정보가 기억이 되도록 제시되면 이전의 지식이 새로운 지 식과 연결되도록 장기기억 장소에서 탐색이 일어난다. 이러한 탐색으로 연결이 되면 학습 성취가 가능하다고 Sousa(2006)는 말하고 있다. 이러한 현상을 정적 전이(positive transfer) 라고 한다. 반대로, 과거에 학습한 경험이 새로운 지식과의 연결을 방해할 때 부적 전이 (negative transfer)가 생겨난다. Sousa는 이러한 예로 자동 변속기를 사용하던 운전자가 수동 변속기를 사용할 때 방해가 된다는 것을 들고 있다. 자동 변속기를 사용할 때 왼발을 사용하지 않고 바닥에 놓았던 것이 수동 변속기를 사용하려면 왼발로 클러치를 밟아야 하 므로 이때 부적 전이가 일어나 운전에 방해가 된다는 것이다.

사전지식에 다가가기

오늘날의 다양한 교실에서는 학생들은 우리에게 다양한 경험을 주며, 교실의 구성에 따라 그 경험들은 많이 다를 수 있다. 그러면 우리는 어떻게 학생들이 과거의 경험이나 배경지 모든 문화를 아는 것이 중요한 것이 아니라 교실에 있는 학생들을 아는 것이 중요하다.

식을 새로운 학습에 연관시키는 것을 도울 수 있는가?

첫째, 우리는 학생들 각자의 배경지식을 검토해야 한다. 학생들이 당신과 같지 않은데 그들이 지녀온 학습경험은 어떤 것이 있는지 알 수 있는가? 학생들의 문화 차이는 무엇인가? 우리 모두는 몇몇 문화의 일부분이고 그러한 문화들은 우리의 경험과 세상의 모든 것을 바라보는 인식에 영향을 준다. 우리는 민족, 종교, 선조와 후세의 언어, 지리적 배경, 사회적 소속 등등 다른 요인에 의해서 알 수 있는 문화적 차이를 지니고 있다. 화요일마다 있는 타코스조차 못한 문화 의식 수업을 듣는다고 이러한 요인들이 과거의 경험과 새로운 학습에 어떻게 영향을 주는지 아는 데 도움을 주지는 않을 것이다.

교사가 가르치는 학생들에 대해 이해할 수 있는 방법들이 있다.

학생들이 사는 지역의 이웃들에 대해 알아보라. 쓰는 언어, 보편적인 직업, 공휴일의 종류, 풍부한 교육경험의 기회 등의 관점에서 그들을 보라. 가능한 한 학생들이 교실에 가져온 경험에 새로운 학습을 연관시켜야 한다. 중앙대륙지역교육연구소(McREL)는 'Explorers Through Time'에서 샘플 강의를 제공한다. 이 강의에서 학생들은 자신들이 어떤 것을 하고자 했지만 통제할 수 있거나(제약) 그렇지 않은 것들(제한 조건)에 대하여 방해를 받았던 적에 대해 토론하는 것으로 단원을 시작한다. 학생들은 도식 조직자를 이용하여 제한 조건과 제약을 극복하기 위해 했던 것과 최종 결과가 어떤지에 대해 토론한다. 교사는 학생들에게 성취한 사람들이 극복해야 하는 제약을 이해시키기 위해 과거의 경험을 이용했다. 예를 들어 Marie Curie는 여성은 과학자가 될 수 없던 시대에 여성 과학자가 된 인물이다. 도전하는 사람이 되기 위한 수업으로 훌륭한 사례가 아닌가! 학생들은 자신들의 경험을 유명한 위인의 경험에 빗대어 볼 수도 있을 뿐만 아니라, 사람은 모두 제어하거나 못하는 조건을 가지고 있고 성공의 열쇠는 둘 다 극복하는 방법을 찾는 것이라는 것을 배운다. 빈곤가정의 학생들은 종종 그들이 가난의 굴레를 벗어날 수 없고 단지 운이 없다고 생각한다(http://www.mcrel .org/compendium/activity Detail.asp?ctivityID=181 참조).

교실의 문화를 반영하는 자료나 영상을 제공하라. 당신이 가르치는 학생의 관점에서 교실은 어떤 모습인가? 초등학교 교실에서는 학생들의 다양한 문화를 반영하는 책자를 반드시 준비하라. 수업에 사용하는 포스터나 사진은 민족성을 반영하는 것이어야 한다. 교실의 장식과 음악에 대한 학생들의 제안을 받아들여라.

주위의 모든 사람 중에는 거물급 인사가 있으니 그들이 어디 있는지를 찾아라. 부모님이나 조부모는 누구인가? 학생과 교사에 영향을 미치는 지역 사회의 정부 기관이 있는가?

학부모(학생)와 의사소통하기 위해 과학기술을 이용하라. 매우 빈곤한 지역에서도 학부모나 다른 보호자들이 메시지를 확인하거나 학교 웹사이트를 보기 위해 과학기술을 이용한다. 교사는 학부모가 학교에 오지 않는 것이 관심부족 때문이라고 생각하지만 사실 학부모는 매우 신경을 쓴다. 경기 불황 속에서 가족을 부양하는 동안 상담을 위해 학교에 오는 일은 쉽지 않다. 창의성을 발휘하여 학부모와 의사소통을 할 수 있는 대안을 찾아라. 이렇게 하면 학생들과 소통할 수 있고 학습에 더 나은 효과를 불러올 것이다.

교실에서 사전지식 구축하기

가르쳐야 할 주제에 대한 사전경험과 지식이 없다면 어떻게 할 것인가? 바로 뇌가 해결사 역할을 한다. 우리 모두는 잘 모르는 주제에 대해 논의를 했던 경험이 있을 것이다. 우리는 새로운 정보에 대한 연결 고리를 찾는 농안 혼란과 좌절이 있다. 학생들에게는 이런 것이 늘상 있는 일이다. 학생들이 이미 새로운 자료를 배운 상태라고 가정할 수는 없다. 우리는 그들이 알고 이해하는 것을 설정하고, 사전지식이 없는 분야에서는 그들을 도와주어야 한다.

MCREL에 의해 진행된 메타분석의 연구결과에서 연관학습법이 선행학습으로서 큰 효과가 있었다. Marzano(1998)는 이 방법을 '직접 스키마 활성화'라 일컬었다. 진행된 연구에서 평균 성취도는 27%가 오른 0.75에 달했다. 이는 교실에서 이 방법이 시행된 이후에는 원래 반평균이 50%인 교실에서 70% 이상까지 올랐다는 뜻이다.

수업 중에 사전지식을 구축할 수 있는 몇 가지 방법을 살펴보면 다음과 같다.

- 단원을 통틀어 학생들의 사전지식을 구축하기 위해 선행 조직자를 이용하라. 우리는 학생들에게 필기와 구두 수업의 개요를 제공하기 위해 논의했다. 선행 조직자는 학생들에게 학습의 구조와 패턴을 제공하여 새로운 학습을 이해하도록 도와준다. 그림 3.1은 어휘 수업을 위한 선행 조직자의 예이다.
- 학생들이 알고 있는 것과 배우고 있는 것을 연결시키도록 단서와 질문을 이용하라. Marzano, Norford, Paynter, Pickering, Gaddy(2001) 등은 "단서는 학생들이 체험할 수 있는 무엇에 대한 명시적인 알림 또는 힌트이다."라고 한다(P. 267). 예를 들어 형

그림 3.1 >> 단어 차트

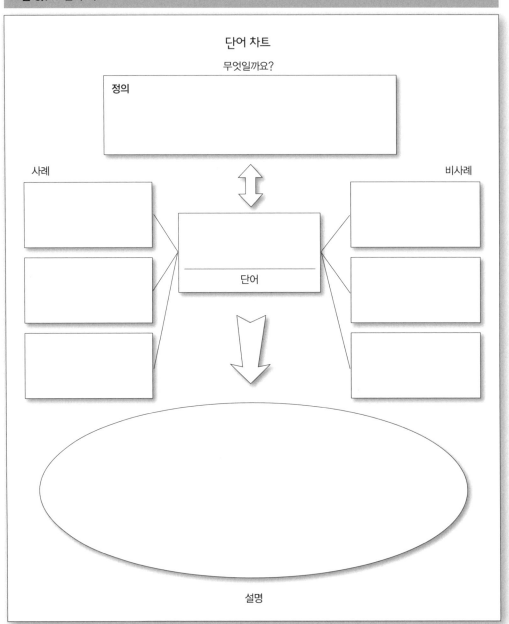

출처 : Donna Walker Tileston(2011). *Ten Best Teaching Practices: How Brain Research and Learning Styles Define Teaching Competencies*(3rd ed.). Thousand Oaks, CA: Corwin. www.corwin.com. 이 책을 구입한 학교의 사이트와 비영리 단체에서만 복사 사용이 허락됨.

태 단원을 시작하려는 2학년 교사는 학생들에게 모든 공간에는 형태가 있고 형태는 뒤, 앞, 아래, 옆, 위 등의 모든 곳에 있다고 말할 것이다. 질문도 이와 같은 역할을 한다. 형태에 관한 수업 전에 교사가 하는 질문으로는 "책상 위의 지구본은 어떤 모양인가?"와 같은 것이 있다. 그림 3.2에서 제공하는 KNLH 차트(52페이지 참조)는 학생들이 이미 알고 있는 것이 무엇인지 알 수 있는 좋은 방법이다.

- 미지의 영역에 대해 사전경험을 만들기 위해 시각적인 이미지와 토론을 이용하라. 예를 들어, 이민이라는 것에서 학생들은 삶의 위험을 감수하고 이민을 하는 이유를 이해하기에는 충분한 경험이 없을 수도 있다. 나는 다른 곳으로 떠나는 위험을 무릅쓰며 옷가지만 짊어지고 도망가는 사람들을 담은 동영상을 보여줄 것이다. 사람들이 고향을 떠나 사실상 새로 시작하여 새로운 언어를 배우며 불리한 처우를 직면할 장소로 가야만 하는 이유가 무엇일지 학생들에게 질문할 수도 있다.

Sousa(2006)는 회상의 속도와 범위에 영향을 준 Madeline Hunter가 밝혔던 네 가지 요인을 재조명했다. 그것은 연합과 맥락, 유사성, 중요한 속성, 최초 학습의 정도 등이다. 다음 절에서 네 가지 요소를 보고 학생들이 연결을 활용할 수 있도록 교사들이 이러한 요소들을 사용하는 방법을 보자.

연합과 맥락

Sousa는 연합(association)이란 어떤 사실을 상기하여 다른 사실을 기억하도록 학습을 유발시키는 행위나 감정이라고 정의한다. 나의 저서 **다양한 수업전략**(*Strategies for Teaching Different*, Walker, 1998)과 **능동적 학습의 전략**(*Strategies for Active Learning*, Tileston, 2006)에서 이 부분을 개인적 연결(personal connection)이라고 언급한 바 있다. 왜냐하면, 연합은 학습자에게 개인적으로 학습이 일어나게 하는 연결 고리의 과정을 제공하기 때문이다. 연합 관계는 개인적으로 연관 짓기와 마찬가지로 과거의 경험이나 지식에 기반을 둔다. 연합은 이미 알고 있는 지식에 기초하여 모르는 지식을 알아가는 과정이다.

교사는 학생들이 새로운 학습 내용과 이전 경험의 차이를 연결하도록 도와주는 연합의 원리를 수업방법에 흔히 도입한다. 교사는 학생들이 이미 학습하여 장기기억 속에 저장 중인 경험이나 정보를 찾아내어 새로운 정보를 학습하는 데 연결해 주려고 노력한다. 교사가 과거에 학생들이 학습한 내용을 돌이켜 언급하는 이유는 정보를 학습함에 있어서 과거에 학습한 정보는 꼭 필요한 정보가 되기 때문이다. 교사가 끌어들여 활용할 이전 학습이 없다면, 교사는 학생들이 이전에 개인적으로 경험한 것들로부터 활용할 어떤 것이 있는지를 들추어내고 창출해낸다. 그리하여 교사가 학생의 유용한 개인적 경험(특히, 정서적으로 연결이 가능한 경험)을 끌어낸다면 학습자에게 새로운 정보를 학습하게 하는 엄청난 기회를 마련해 줄 수 있게 된다.

제1장에서 언급했듯이, 뇌는 정서와 밀접하게 관련되어 있다. 전뇌에서 발견된 편도(amygdala)는 정서적인 메시지와 학습자의 장기기억 저장고 사이를 연결하는 기능을 담당한다. 정서는 뇌에 매우 강하게 작용하기 때문에 다른 어떤 것들보다 확실하고 우월하다. 그렇기 때문에 우리가 정서적으로 강한 인상을 받았을 때는 그것에 대해서 훨씬 기억이 잘 나는 경향이 있다. 나는 종종 청중들에게 그들이 어렸을 때로 돌아가서 기억할 수 있는 일들을 회상해 보라고 한다. 그들이 기억하는 사건들은 대부분 아주 행복했던 일이나 정신적으로 커다란 충격을 받았던 일들이었다. 이러한 일들은 모두 정서적으로 연결되어 있는 일들이다. 또한 인간의 정서는 어떤 사건을 연관시키는 데 부정적인 효과로 작용할 수도 있다. 수학에 항상 어려움을 겪었던 학생들은 수학시간에 시작부터 부적 전이가 나타날 것이다.

학생들이 가지고 있는 과거의 정서적인 경험을 새로운 학습에 연결시키려 할 때, 다음과 같은 사례들을 예시할 수 있다. Whisler와 Williams(1990)는 이러한 예를 들고 있다. 초등학교 다닐 때, Judith Viorst가 쓴 귀고리(*Earnings*)라는 작품을 읽기 전에 "여러분은 아직 어리다는 이유로 그 책을 읽을 수 없다는 부모님의 말을 듣고 그 책을 읽고 싶은 적이 있습니까?"라고 질문을 받았다. 중학교 다닐 때, 보스턴 차사건에 대해 공부하기 전에, "여러분은 어떤 면으로 보아 규칙이 여러분에게 공평하지 않다고 느낀 적이 있습니까? 학생들에게 이런 식의 말을 하려고 합니까? 그때 학생들은 잘 듣던가요?"라는 질문을 받았다.

연합이나 개인적 연결은 학습과정에서 자기의 것으로 만들어 준다. '어림잡기'에 대하여 공부하기 전에 "병 속에 있는 콩 모양의 젤리과자가 얼마나 되는지 추측해 보라고 하는 품평회를 해본 적이 있나요?"라고 질문을 받는다. 개인적인 경험에 적용시켜 줌으로써 우리는 자기주도성을 창출해낸다. 우리 모두는 개인적으로 애착을 느끼는 사실들에 대해 더욱 흥미와 관심을 가지게 된다. "여러분은 경연대회에서 이기기 위하여 어떤 전략을 활용합니까?" 학생들이 자연적인 호기심을 가지고 학습에 임하게 하기 위하여 자기주도성을 창출해내는 데 예상이라는 방법이 쓰인다. 이것은 전에 앞에서 언급한 상업적인 예다. 우리는 내일 날씨에 따라 계획을 세우기 위하여 내일의 일기 예보를 알고 싶어 한다. 그리하여 뉴스 시간 내내 열심히 기다리며 듣는다. 상업적인 방송 광고를 하기 직전에 뉴스 진행자는 "날씨에 커다란 변화가 오고 있습니다. 채널을 고정하세요. 전해드리는 광고를 들으신 후 상세히 말씀드리겠습니다."라고 말을 한다. 그들은 우리를 방송에 귀 기울이게 한다. 이러한 방법은 아동들로 하여금 독서나 학습 자료에 열중하게 하는(다른 방법으로는 열중시키기 힘든) 고도의 세련된 방법이다. Fitzgerald(1996)는 예상을 활용하여 학생들을 학습에 열중하게 하는 예를 다음과 같이 제시하고 있다.

> 과학 교사는 전기 레이저 봉을 잡고 전자기 복사 측정기에 갖다 대어 레이저가 나오고 있다는 경고 불빛을 발사하도록 하면서 전자기 복사에 관한 학습 단원을 소개하고 있다(이때 방사되는 레이저는 인체에 무해한 수준이다.). 국어 교사는 말하기 시간에 케네디와 닉슨 간의 논쟁을 다룬 녹화된 비디오를 보여주고 선거 결과에 영향을 미쳤을 기능이나 부족한 점이 무엇인가를 질문한다.

초등학교 교사들은 책을 읽기 전에 그림이나 정보를 보여줌으로써 학생들의 흥미를 자극하는 기술을 자주 활용한다. 중등학교 교사는 "로미오와 줄리엣(*Romeo and Juliet*)에서 오늘밤 두 갱 집단 간에 커다란 싸움이 벌어질 예정이다. 여러분은 어떤 일이 생길 것이라고 생각합니까?"라고 예상을 하게 한다. Sousa(2006)는 교사는 매일 혹은 매주 학생들이 학습하기 전에 학습 주제에 대한 흥미를 갖게 하기 위하여 이런 식으로 연결을 시킨다고 주장한다. 연합이나 개인적 연결은 학습에서 선행 지식과 후속 지식을 연결하는 일이다. "지난주에 우리는 경사에 대하여 이야기하였고, 경사는 실제로 휠체어가 경사로의 경사면을 올라갈 수 있도록 응용된다고 하였습니다. 오늘은 건물에 있는 휠체어 경사로를 측정하고자 합니다. 측정하기 전에, 휠체어의 경사로에 대해 민법에서는 어떻게 규정하는지를 검토해 보고 우리들이 어떻게 경사로를 결정할 것인지 생각해 봅시다." 우리는 알고 있는 지식들을 연결시킬 뿐만 아니라 학생들이 정보를 가지고 해야 할 일들에 대해 사실을 바탕으로 학습할 것을 고조시킨다.

그림 3.2는 학생들로 하여금 이전의 지식과 새로운 지식을 잘 연결하도록 도와주는 데 사용되는 도구이다. K는 학생들이 학습 주제와 관련하여 획득한 이전의 지식, 기술 그리고 경험을 말한다. N은 학습할 주제에 대하여 새롭게 알 필요가 있는 정보를 말한다. 개인에 따라 학습할 목표가 있다. L은 개인이 주제에 대한 공부를 하고 나서 완벽하게 '학습한 정보'를 말한다. 이러한 메타인지적 활동은 학생들이 학습한 내용들을 종합하는 데 도움을

그림 3.2 >> KNLH 차트			
알고 있는 정보	알아야 할 정보	학습한 정보	학습한 방법
범주 1. 　　　2. 　　　3. 　　　4. 　　　5.			

출처 : Donna Walker Tileston(2011). *Ten Best Teaching Practices: How Brain Research and Learning Styles Define Teaching Competencies*(3rd ed.). Thousand Oaks, CA: Corwin. www.corwin.com. 이 책을 구입한 학교의 사이트와 비영리 단체에서만 복사 사용이 허락됨.

준다. Jensen(1998)은 우리는 어떤 사실을 안다는 확신이 있기까지는 제대로 아는 게 아니라고 말한다. 안다는 확신이 있기 전까지는 그것은 별 의미가 없는 정보이다. 학교에서 공부한 내용들이 혼란스러울 때 확신을 갖기 위해 많은 새로운 정보들을 하루 종일 고민

그림 3.3 >> 범주를 활용하여 단어 기술하기

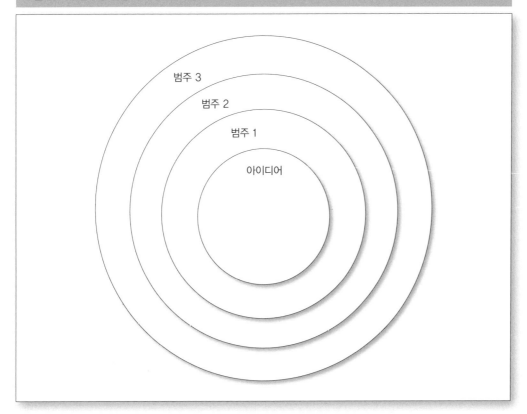

출처 : Donna Walker Tileston(2011). *Ten Best Teaching Practices: How Brain Research and Learning Styles Define Teaching Competencies*(3rd ed.). Thousand Oaks, CA: Corwin, www.corwin.com. 이 책을 구입한 학교의 사이트와 비영리 단체에서만 복사 사용이 허락됨.

하고 회의를 품어 본 적이 있는가? 이는 정보를 어떻게 학습했는지 학습방법을 의미한다. 학습하는 과정과 방법이 중요하다. 왜냐하면 다른 사람의 생각과 학습자 자신의 생각 사이에 존재하는 차이를 어떻게 연결하여 메우느냐를 도와주는 방법이 중요하기 때문이다.

학생들에게 새로운 학습 단원을 소개하기 전에 교사는 학생들이 새로운 주제에 대해 알고 있는 모든 생각이나 정보에 대하여 브레인스토밍을 하게 한다. 그림 3.3은 학생들이 가지고 있는 정보들을 잘 조직화하여 정보들 간의 관계를 한눈에 파악하도록 하는 데 사용하는 그래픽 조직자(graphic organizer)이다.

학생들의 브레인스토밍 활동을 통하여 모아진 여러 생각이나 정보들을 조직표의 둥근 원 안에 적는다. 예를 들어서 '전 세계의 굶주림'이라는 학습 단원이 있다면 전 세계의 굶주림에 대하여 학생들이 지금까지 알고 있는 모든 정보들을 범주 1의 둥근 원 속에 모두

적는다. 그리고 주제와 관련한 모든 정책은 범주 2에, 의료 상황들은 범주 3에 계속하여 적어 나가도록 한다. 이렇게 함으로써 학생들은 정보와 생각을 회상할 뿐만 아니라 그것들을 범주로 분류해낸다. 학생들의 회상을 돕기 위하여 이미 전에 학습한 연상되는 단어들을 교사가 말해준다. 이러한 활동에서 교사는 학생들에게 중요한 정보들을 제공하게 된다. 이렇게 함으로써 또다시 가르칠 필요가 없는 학생이 이미 알고 있는 학습 주제들을 발견할 수 있고, 장기기억 장소에 정보들을 저장하기 전에 학생들이 가지고 있는 정보의 흐름을 파악할 수 있다.

학생들에게 학습 과제를 제시하는 방법에서 유의할 점이 있다. 사실이 아닌 오류의 정보는 즉시 정정되어야 학생들의 장기기억 속에 들어가지 않는다. 수업시간 전반부 20분 안에 논의된 내용들이 잘 기억되는 경향이 있다. 따라서 중요한 정보일수록 이 의미 있는 시간 내에 논의되는 것이 유익하다.

학생들이 각자 기억하고 있는 정보목록을 만들고 이를 바탕으로 학급의 기억 정보목록을 만든 후에 교사는 학생들로 하여금 흥미를 유발시킬 수 있는 정서적 방법을 동원한다. 교사는 이렇게 말을 한다. "우리나라에는 모든 성인 남녀와 어린이들이 매일 2,500칼로리씩 먹을 수 있는 충분한 양의 음식물이 매년 생산되는데 왜 우리는 세계적인 굶주림 현상을 보게 되는가?" 교사가 학생들에게 세계의 굶주림에 대한 한 토막의 흥미 있는 정보를 제공함으로써 학생들이 학습에 잘 임하도록 한다. 그리고 나서 교사는 학생들이 의문을 갖도록 이끈다. "세계적 굶주림 현상에 대하여 무엇을 알고 싶은가요?"라는 질문을 한다. 이러한 접근은 저녁 뉴스 프로그램에서 상업 광고 직전에 시청자들에게 주의를 끌게 하여 광고를 보게 하는 방법과 크게 다르지 않다. 학생들이 응답한 내용들을 가지고 '알고 싶은 것들'이라는 목록을 만들었다. '세계적 굶주림'이라는 학습 주제를 공부하는 동안 학생들은 이 '알고 싶은 것들' 목록과 기억하고 있는 정보목록을 연결하여 가르치면서 그들이 궁금해하고 관심이 있었던 내용들이 하나하나 해결되어 가는 것을 알 수 있을 것이다. 교사가 이렇게 지도함으로써 학습 과제에 대한 학생들의 개인적 연결(personal connection)이나 연합을 유발시키는 것이다.

연합이나 개인적 연결은 교과 사이를 연결시킬 수 있다. 여러 교과 사이를 자연스럽게 연결할 수가 있으며, 교사는 이 점을 학생들에게 지적할 수 있다. 우리는 아동들이 역사 교과의 '제2차 세계대전' 내용과 영어 교과의 John Hersey의 소설 히로시마(*Hiroshima*) 내용을 자연스럽게 연결시킬 수 있으리라고 생각할 수 있다. 우리가 재구조화한 고등학교에서는 수학과 과학을 그리고 영어와 역사를 통합하여 재구성하고 있다. 교사들은 교과 간의 경계를 허물어 교육과정을 재구성함으로써 교과 간의 자연스러운 연계가 일어나도록 노력하고 있다. 교사들은 가르치는 내용(what)을 바꾸는 게 아니라 가르치는 시기(when)만 조정하면 된다. 우리 교사들이 좀 더 지적으로 민감해지면 우리 학생들에게 많은 이익을 가져다줄 수 있다. 여러 교과가 함께 모임으로써 각각의 분리된 여러 프로젝트는 교과 간에 연결된 프로젝트로 변화될 수 있다. 학생들은 개인적으로 소수의 프로젝트를 수행함으로써 보다 복합적이며 심층적인 프로젝트를 수행할 수 있는 것이다. 초등학교에서는 교사 한 사람이 여러 교과를 담당하기 때문에 이러한 교과 간의 연계와 통합은 보다 쉽고 자연스럽게 이루어진다. 교사들의 이러한 교수기법이 발전될수록, 그리고 학생들의 e-mail이 학교에 소개될 때 학생들이 수행한 프로젝트는 교과뿐만 아니라 학년 간에도 연결되고 통합된 활동을 창출해낼 수 있는 기회를 경험하게 될 것이다.

유사성

Sousa(2006)는 유사성(similarity)을 "학습이 일어나는 상황과 학습이 전이될 수 있는 상황 간에 유사성이 있음으로 인하여 생성되는 전이의 과정"이라고 정의하였다. 그러므로 어떤 상황의 행동이 다른 상황의 행동과 비슷할 경우에 전이가 일어나는 경향이 있다. 그는 비행기 조종사의 예를 들면서, 시뮬레이션에서 훈련된 조종사는 그와 비슷한 실제 비행 상황에서 전이가 된다고 하였다.

나의 저서 **능동적 학습의 전략**(*Strategies for Active Learning*, Tileston, 2006)에서 나는 학생들이 새로운 학습과 관련된 이전 경험이나 지식이 전혀 없을 때 이 유사성을 활용하였다. 이 경우에 나는 학생들이 개인적으로 이미 이해하고 있는 경험 중에 새로운 정보와 비슷한 경험을 새로 학습할 정보와 연결시켜 주었다.

중요한 속성

Sousa(2006)는 중요한 속성(critical attributes)을 "다른 모든 아이디어와는 뚜렷하게 구별되는 독특한 아이디어를 만들어내는 특성"이라고 정의한다. 여기서 독특한(unique)이란 말이 중요한데, 그것은 학생들이 용이하게 정보 회상을 할 수 있도록 아이디어들이 서로 어떻게 다른가를 확인해주기 때문이다. Sousa는 장기기억 저장고에서 새로운 정보와 비슷한 정보를 묶어서 하나의 파일로 저장한다고 본다. 그러나 회상할 때는 정보의 서로 다른 점을 구별하여 기억하기 때문에 정확한 정보가 회상되는 것이다. 이러한 예로, 우리가 친한 친구를 인식할 때 그 친구의 모든 측면의 특성들을 인식하지 않고 그 친구의 독특한 특성만을 인식한다는 것이다. 우리가 군중 속에서 어떤 사람의 겉모습을 모두 보았다고 하자. 순간 모든 사람이 다 같아 보인다. 모든 사람이 얼굴, 신체, 그리고 머리카락을 다 가지고 있다. 그런데 어떤 사람의 모습에서 독특한 특징(검은 머리, 큰 키, 날카로운 턱)을 봄으로써 그 사람을 찾아낸다.

뇌는 이전의 학습과 경험으로부터 패턴과 구조를 이미 저장해 왔기 때문에 교사들은 새로운 유사 정보를 그와 같은 패턴과 구조에 기초를 두고 가르친다. 이러한 기법은 학생의 뇌로 하여금 정보의 형태를 검색하여 이해하는 데 유용한 방법이 된다. 여기서 형태들은 범주화되어서 기억하는 데 도움이 된다. 학생들이 특징을 창출해내는 데 있어서 그림모형으로 제시하는 방법이 시각적으로 큰 도움이 된다. 중요한 단어와 개념을 가지고 만든 마인드맵이나 조직표는 학생들이 새로운 학습을 할 때 형태를 범주화하는 데 유용한 도움이 된다. 학습자들의 80%가 시각이나 운동감각을 활용하여 학습을 하기 때문에(Jensen, 1998), 학생들의 학습과 시각적 모형을 연결하도록 도와주는 일은 중요하다. 교실에서 약 85%의 학습자가 시각적 또는 운동감각적으로 배우기 때문에(Jensen, 1998) 학습으로 연결하는 데 도움을 줄 수 있는 시각적 모델을 포함하는 것이 중요하다. 1998년 Jensen의 업적 이후에, 학생들이 매일 사용하는 테크놀로지의 양에 큰 증가가 있었으며, 테크놀로지의 사용은 아마도 시각적 또는 시각/운동감각적 학습자 학생들의 비율을 증가시켰다. 결국, 이러한 방법으로 우리는 '먼저 정보를 눈으로 보는 것'을 한 후 그것을 읽고 마침내 상호 작용할 수 있다.

최초 학습의 정도

Sousa(2006)는 최초 학습(original learning)이 정확하게 잘 이루어졌다면 새로운 학습이 보다 강력하게 이루어질 것이라고 말한다. 이러한 최초 학습의 정도는 학생이 학습 주제를 단지 파악하는 것을 넘어서 완전학습에 이르도록 수업하는 데 있어서 매우 중요한 요인이다. 많은 교사가 학생이 실제로 학습할 수 있을지와는 상관없이 주정부, 연방정부, 혹은 지역 정책에서 요구하는 많은 양의 자료 때문에 불만을 갖게 된다. 우리는 뇌 연구에 대한 이해가 이루어지면 학교들은 정보가

> 우리의 교육철학은 자료를 다룬다는 관점에서 정보를 이해하고 활용할 수 있는 관점으로 변화될 필요가 있다.

그림 3.4 >> 이전의 학습경험을 새로운 학습과 전 교과에 전이시키는 교실의 교육과정	
평가도구	성공의 지표
학습계획	학생들은 새로운 주제나 단원을 시작하기 전에 새로운 학습과 연결시킬 수 있는 기회를 제공받는다. 학생들이 이전에 학습한 지식이나 경험이 없을 경우 교사는 새로운 자료를 제공하기 전에 이러한 정보를 제공한다.

어떻게 가르쳐지느냐 뿐만 아니라 정보가 가르쳐지는 시간표에 대해서 고려할 것이라는 희망을 가질 따름이다.

성공의 판단

그림 3.4는 학생들이 새로운 학습 이전에 사전지식과 사전수업 사이에서 연결을 만드는 전략의 성공적인 사용을 나타내는 교실의 특성을 보여준다.

결론

교육의 역사에서 사전정보의 사용은 결코 중요하지 않다. 왜냐하면 우리는 이전보다 훨씬 더 다양한 배경의 학생들을 가르치고 있기 때문이다. 부모나 교사들 대부분은 그들의 배경지식을 바탕으로 학생들을 가르치면서 학생들의 배경지식과 가까워진다. 점점 더 그 반대가 사실이 되고 있다. 우리가 먼저 학생들을 알고 있어야 그들이 새로운 학습과 이전 학습의 사이를 연결하게 하는 방법을 알 수 있다. 그리고 배경지식이 부족할 때 언제 배경지식을 쌓을지도 알아야 한다. 의미 창출은 우리가 아는 것을 사용할 수 있고 그것을 효과적으로 미지의 영역에 적용시킬 수 있는가에 달려 있다. 그렇지 않으면 혼란 상태가 될 것이다. 미국에서 공립학교의 학생 수는 감소한 반면에 빈곤 특수교육에 배치되는 빈민가 학생들의 수는 지난 10년간 기하급수적으로 성장하였다. 학생들이 원래의 의미에서 벗어나 이해가 되지 않을 수도 있는 내용을 올바르게 도출해내도록 돕기 위해 우리는 교실에서 무엇을 하고 있는지 자신에게 되물어야 한다. 예를 들어, 히스패닉 국가 출신의 학생은 조지 워싱턴이나 서점 운동에 대해서는 들어본 적이 없을 수도 있다. 학생들을 위한 배경지식을 더 많이 생성해야 하고 그것을 더 잘 활용할 수 있는 방법을 찾아야 한다.

　　Eric Jensen(2003)은 "우리의 뇌는 의미를 해석하되, 정보를 아무렇게나 무작위로 취급하지는 않는다."고 하였다. 학생들이 학습하려 할 때 새로운 정보와 학습 주제 간에 필요한 연결이 이루어진 구조를 이미 갖춘 상태에서 학습에 임한다고 가정하기는 힘들다. 교사들은 학생들이 교과에 대하여 무엇을 알고 있으며, 어떤 잘못된 정보를 가지고 있는지, 그리고 새로운 정보에 대한 형태구조를 어떻게 창출해낼 것인지를 파악해야 한다. 교사들이 이렇게 함으로써 학생들이 처음부터 학업에 잘 임할 수 있도록 도와줄 수 있다. 어떤 학급에서는 이렇게 하는 데 시간이 좀 걸리더라도 장기간의 안목에서 보면 시간을 매우 절약하는 것이다. 왜냐하면 다시 가르칠 필요가 없을 것이기 때문이다.

제 4 장

장기기억을 위한 교수

인지체계 내에서 이해의 과정이란 지식을 영구기억을 위한 적당한 저장 형태로 바꾸는 것이다.
－Robert Marzano(2001a)

10년 전, 뇌 연구자들은 인간에게 두 종류의 기본적인 기억인 장기기억(long-term memory)과 단기기억(short-term memory)이 있다고 믿었다. 최근 연구는 단기기억 또는 임시기억(temporary memory)이 실제로 두 가지 수준의 기능을 한다고 시사했다. Sousa(2005)는 "신경과학자들은 현재 우리가 다른 작업을 수행하는 두 개의 임시기억을 가지고 있다고 믿는다. 이것은 뇌가 어떤 자료들을 간단하게 처리하고, 연장된 시간 동안 다른 자료들을 계속해서 처리하는 것을 설명하는 방식이다. 현재 인지신경과학자들은 즉시기억(immediate memory)과 작업기억(working memory)이라는 임시기억의 두 단계를 포함하기 위해 단기기억을 사용한다."고 말한다(p. 46).

즉시기억 : 새로운 정보가 뇌에 한 번 들어오면, 우리가 의식적으로나 잠재의식적으로 이 정보의 중요성을 판단하는 동안 이것은 임시기억에 몇 초간 유지된다. 학생들은 종종 이 새로운 학습이 그들 또는 그들의 목표와 관계가 없다고 여긴다. 따라서 그것을 처리하고, 그것에 대해 토론하고, 기존의 지식과 연결하려고 하지 않고 그 정보를 던져버린다. 교사는 새로운 정보를 제시하는 방식을 통해 이러한 현상을 방지할 수 있다.

작업기억 : 만약 뇌가 새로운 정보가 중요하다고 결정했다면, 정보는 몇 분 또는 며

칠간 머무르는 작업기억으로 이동된다. 이러한 점에서 그 정보는 우리의 주의를 끈다. Sousa(2006)는 유치원 어린이는 한 번에 2개의 정보를 다룰 수 있는 반면, 청소년기 이전의 어린이는 한 번에 3개에서 7개의 정보를 다루며 평균적으로 5개를 다룬다고 하였다. 청소년기에서 성인기까지는 한 번에 7개에서 9개를 다루며 평균적으로 7개를 다룬다고 하였다. Jensen(2003)도 Sousa와 유사한 정도의 기준을 사용하였다. 작업기억에서 유아는 한 번에 약 1개의 정보를 다룰 수 있고, 청소년기로 가면서 1년에 1개 정도로 증가하여 정보를 다룰 수 있어서 나중에는 한 번에 7개에서 9개까지의 정보를 다룰 수 있다고 하였다.

장기기억 : 장기기억 — 작업기억에 의해 처리된 정보가 보내진 장소 — 을 이해하기 위해서는 뇌의 저장 시스템에 대하여 이해하여야 한다. 아마도 뇌 안에는 우리가 지금껏 발견한 것보다 많은 기억 경로가 있을 것이다. 일부 연구자들은 다섯 개라고 하고, 또 다른 어떤 연구자들은 세 개라고도 한다. 상당히 다른 이론적 모델들이 신경과학자들에 의해 개발되어 왔지만, 모든 이론은 작업기억 내에 임시저장체계가 있다는 것과 음성과 시각정보가 각각의 신경 통로를 따라 이동할 가능성이 높다는 것에 동의한다.

Corbin(2008)은 장기기억을 우리가 어떤 것을 학습할 때 형성된 전기 화학적 결합 또는 경로라고 정의한다. 이러한 결합은 우리가 기억을 회상할 때마다 강화된다. 우리의 기억 경로들은 이러한 기억들을 저장하는 뇌 안의 장소이고 명시적 기억(explicit memory) 또는 선언적 기억(declarative memory), 그리고 암시적 기억(implicit memory) 또는 절차적 기억(procedural memory)의 범주로 나뉘는 것처럼 보인다. 절차적 기억은 과정, 기능 그리고 정해진 절차를 포함하는 반면에, 선언적 기억은 사실적 정보를 포함한다. 그림 4.1

그림 4.1 >> 뇌의 저장체계

선언적		절차적	
의미적	일화적	감각적	반사적
단어	장소	기능	조건 반응
상징	사건	과정	정서적 반응
추상적 정보	맥락적 지식	정해진 절차	반사 신경
새로운 언급			

출처 : Donna Walker Tileston(2011). *Ten Best Teaching Practices: How Brain Research and Learning Styles Define Teaching Competencies*(3rd ed.). Thousand Oaks, CA: Corwin, www.corwin.com. 이 책을 구입한 학교의 사이트와 비영리 단체에서만 복사 사용이 허락됨.

은 두 종류의 기억과 경로들―의미적, 일화적, 감각적 그리고 반사적―에 대한 도표모형
이다.

의미적 기억

의미적 기억(semantic memory)은 낱말, 상징, 추상적 개념들로부터 학습한 정보를 보관
한다. 이 새로운 정보는 뇌간(brain stem)을 통하여 들어가고 시상(thalamus)을 거쳐 해
마(hippocampus)에 도달한다. 그곳에서 새로운 학습과 연결할 저장된 정보와 경험을 찾
는 탐색이 수행된다. 만약 어떤 연결이 만들어지면, 그 정보는 작업기억으로 이동한다
(Jensen, 2003). 의미적 기억은 정보가 되풀이되어 열거되고 처리되는 전두엽의 대뇌피질
로 간다. 의미적 기억은 학습자가 정보를 기억하기 위해서 충분히 여러 차례 시연이 일어
나야 할 뿐만 아니라, 학습자가 정보를 기억 경로로부터 용이하게 회상할 수 있도록 연결
고리나 부착물을 가지고 있어야 한다. 신경과학자들은 두 종류의 반복, 즉 암기를 수반하
는 기계적 반복(rote rehearsal)과 여러 차례의 시연을 수반하는 정교한 반복(elaborative
rehearsal)에 대해 언급한다. 기계적 반복은 구구단을 학습할 때와 같이 답이 언제나 동일
한 경우 효과적이다. 정교한 반복은 학생들이 정보의 모든 형태를 다루는 데 있어 가장 효
과적인 방법이다. 학생들은 의미적 기억체계에 정보를 저장하고 그것을 회상하려 한다면
언어를 효과적으로 사용할 수 있는 능력을 갖추고 있어야 한다.

영어를 배우고 있는 학습자들은 이러한 회상체계를 이용하는 데 있어 특히 어려움을 겪
을 것이다. 왜냐하면 그곳에 저장된 정보를 회상하기 위해서는 충분한 어휘력이 뒷받침
되어야 하기 때문이다. 나의 저서 고부담 시험을 준비하는 학생들을 위한 교수 전략(*Teaching
Strategies that Prepare Students for High-Stakes Tests*, Tileston & Darling, 2008a)에서,
나는 대부분의 중요한 시험들이 기준 어휘에 기초하고 있다고 논하였다. 사실, 중요한 시
험을 통과하는 것의 95%는 기준 어휘를 올바로 이해하는 여러분의 능력에 달려 있다. 어
휘는 주로 뇌의 의미적 기억체계에 저장되기 때문에, 시험에서 가장 낮은 점수를 받는 집
단이 영어를 배우는 과정의 학습자들인 것이 전혀 놀라운 일이 아니다. 영어를 배우는 과
정의 학습자들이 그 정보를 뇌의 다른 부분에 저장할 수 있도록 어휘와 함께 맥락을 추가
할 방법을 찾아야 한다. 예를 들어, 학생들이 단어의 정의를 기억하는 것을 돕기 위해 학
생들로 하여금 도표를 그리게 할 수 있다. 이렇게 함으로써 교사는 회상을 위한 연결고리

두 개의 연결고리 혹은 부착물은 뇌가 정보를 장기기억에 확실하게 저장하도록 한다는 점에서 중요하다 : 관련성과 패턴.

를 학생들에게 제공할 수 있다.

의미적 기억은 장기기억 장소로부터 회상을 하는 것이 가장 어렵다. 단순한 사실들, 날짜들, 단어 같은 것들은 학습자가 저장된 정보를 기억하도록 도와주기 위한 충분한 시간과 반복 및 연결고리 없이는 기억하기가 어렵다. Corbin(2008)은 전형적으로 의미적 기억체계에 저장되는 정보는 일화적 기억체계나 절차적 지식과 관련된 기억체계 내에 속해 있을 때 회상될 가능성이 높다고 말한다. 왜냐하면 그러한 체계들은 보다 신뢰할 수 있고 뇌에 무리를 주지 않기 때문이다. 사실, 맥락과 관계없이 따로 떨어져 존재하는 단순 사실들은 특정한 패턴을 따르지 않기 때문에 뇌가 잘 수용하지 않는 듯 보인다.

이런 두 개의 연결고리는 정보처리를 향상시키는 역할을 한다. 의미적 기억을 위한 첫 번째 연결고리 혹은 부착물은 관련성 혹은 의미이다. 즉, 다음과 같은 질문이 된다. "이것은 내가 살고 있는 세상의 무엇과 관련이 있는가?" 다음과 같은 질문을 하는 학생들이 있었을 것이다. "우리는 언제 이것을 사용한 적이 있습니까?" 학생들은 우리를 곤란하게 하려고 질문하는 것이 아니다. 그들은 진실로 학습을 의미 있게 하기 위해서 알기를 원한다. 몇 년 전에 나는 William Glasser의 워크숍에 참석한 적이 있다. Glasser는 누구를 막론하고 관련성을 지을 수 있다면 어떤 것이든지 가르칠 수 있다고 말했다. 결국 그는 매우 어린아이가 가장 어려운 것도 학습할 수 있다고 한다. 즉, 아무도 어린아이 앞에서 플래시 카드(flash cards, 잠깐 보여 글자를 읽게 하는 외국어 교수용 카드)를 들고 있지 않지만, 결국 그들은 언어를 학습한다고 한다(Glasser, 1994). 어린아이들은 언어가 그들의 세계와 관련성이 있기 때문에 학습하게 되는 것이다. 우리가 만약 수업에서 관련성이 있는 정보를 제공할 수 있다면, 그것은 기억되기에 아주 좋은 기회가 된다. Keefe(1997)는 경험으로부터 예시를 제시한다든지, 기억을 돕는 연상기억법과 같은 인위적인 의미를 통한 모형구성에 의해서 의미를 창조할 수 있다고 말하였다.

의미적 기억을 위한 두 번째 연결고리 혹은 부착물은 이전의 지식이나 경험에 의해서 창조된 패턴이다. Sousa(2005)는 이것을 정보의 '의미 만들기(making sense)'라고 표현하였다. 새로운 정보와 잘 맞는 기존의 패턴이 있는가? 나는 새로운 정보와 연관을 지을 수 있는 이전의 지식이나 경험을 가지고 있는가? 예를 들면, 학생들이 대수학에 대한 사전지식을 갖고 있다면 좀 더 쉽게 통계학을 배울 수 있을 것이다. Jensen(1995)은 Renate

Nummela Caine의 연구업적을 인용하여 다음과 같이 결론지었다. "수많은 자료로부터 의미 있는 이해를 할 수 있는 능력이 이해를 돕고 동기를 유발하는 데에 대단히 중요하다." Jensen은 학습에 선행하여 수업을 위한 패턴을 형성하는 데 도움을 주는 전체적인 개관을 창조하고, 수업 전의 구두 개관(oral previews)을 제공하고, 마인드맵을 제공해야 한다고 제안하였다. 학습 중에는 학생들이 주제에 대하여 토의할 수 있는 시간을 주어 모형, 마인드맵 혹은 도해 등을 창조할 수 있게 해야 한다. 하나의 주제를 마치고 난 후에는 그것을 평가할 수 있는 기회를 학습자에게 주어야 하며, 모형이나 역할 혹은 교수에서 패턴을 증명하는 기회를 주어야 한다. 예를 들면, Pat Jacoby(1991)는 무엇이 이민자들을 그들의 나라를 떠나게 했는가를 질문함으로써 이민에 대한 단원을 소개했다. 다음으로 그녀는 이민자들이 떠나는 그 나라에서는 정치적으로 무슨 일이 일어날 것인지 질문했다. 경제적으로는? 종교계에서는? 이렇게 함으로써 그녀는 앞으로 일어날 학습에 대한 패턴이나 연결고리를 제공하였다. 학생들이 사람들이 왜 경제적·정치적·종교적 이유로 이민을 가는가를 탐구할 때, 그들은 새로운 학습에 대한 연결고리를 창조하기 위한 사전학습을 가지고 있다. 수업 중에는 마인드맵이나 도해와 같은 시각적인 정보를 사용할 수 있도록 기회를 제공해야 한다. Jensen(1998)은 의미적 기억 경로는 학습의 반복을 요구하기 때문에 연합, 비교, 유사성에 의해 자극받을 필요성이 있다고 지적하였다. 이민자에 대한 예시는 구체적으로 연합을 사용한 것이다.

두 개의 연결고리인 관련성과 패턴 중에서, Sousa(2005)는 관련성이 가장 중요하다고 지적하였다. 또한 그는 많은 수업에서 대부분의 시간을 새로운 정보를 이해하는 데 사용하고 그것의 관련성을 제시하는 데는 적은 시간이 할애된다고 지적하였다. 수업의 강조점을 관련성으로 변화시킴으로써 학생들은 좀 더 고효율의 학습을 유지할 수 있을 것이다.

학생들이 의미적 정보를 저장하고 회상하는 데 도움을 주기 위해 다음과 같은 전략(Tileston, 2004c)을 시도해 보아라.

- 학생들이 학습을 조직하고 기억하는 것을 돕기 위해서 마인드맵과 같은 비언어적 조직자를 사용하라.
- 학생들이 다른 학생들과 짝을 이루어서 정보를 자세히 검토하는 동료교수제를 활용하라. 이를 위한 하나의 방법은 학생들이 주어진 정보에 대해서 무엇을 기억하는지 동료 상호 간에 서로 묻고 가르치는 것이다.

- 정보를 긴 리스트로 분류하고 범주화하여 조작 가능한 묶음으로 제시하라.
- 학생들의 정보처리능력을 돕기 위해서 소크라테스식 질문법과 같은 발문 전략을 사용하라.
- 교실을 학생들이 공부하고 있는 단원을 반영하도록 꾸며라. 초등학교에서는 이런 것이 잘되고 있지만, 중학교나 고등학교에서는 거의 찾아볼 수 없다. 각각의 단원을 반영하도록 교실을 바꿔 꾸미는 것이 정보를 학습했을 때 교실에 제시된 시각적인 것들에 근거한 정보를 뇌가 구분하는 데 도움을 준다.
- 학생들의 기억을 돕기 위해서 학습에서 모자를 쓰는 등과 같은 상징물을 사용하라. 예를 들면, 필자는 준거 틀(frames of reference)에 대하여 공부할 때는 그림판을 사용한다. 종종 학생들이 기억을 잘 못할 때 필자가 "푸른색 그림판이 무엇인지 기억해 보세요."라고 하면, 이것이 학생들의 기억을 돕는 계기가 된다.
- 정보를 기억으로 엮을 수 있는 기억술이나 이야기를 사용하라. 최근의 뉴스쇼에서 전국기억경진대회에 참여한 학생들에게 어떻게 사소하고 세세한 자료까지 기억해내는지를 질문했을 때, 한 학생은 '기억해야 할 것을 중심으로 이야기를 꾸미는 것'이 기억에 도움이 된다고 대답하였다.
- 음악을 활용하라. 음악은 우리 모두에게 정서적 인상을 남겨 놓는다. 교실에서 학습을 안내하고 강화하기 위해서 음악을 도입하여 사용하라.
- 언어적 조직자를 사용하라. 예컨대 수학에서 다양한 개념을 기억하는 것을 돕기 위해서 그림 4.2에 제시된 것과 같은 조직자를 제시할 수 있다.

그림 4.2 ≫ 수학 수업을 위한 매트릭스

수학 단원	공식	설명	사용 예

출처 : Donna Walker Tileston(2011). *Ten Best Teaching Practices: How Brain Research and Learning Styles Define Teaching Competencies*(3rd ed.). Thousand Oaks, CA: Corwin, www.corwin.com. 이 책을 구입한 학교의 사이트와 비영리 단체에서만 복사 사용이 허락됨.

일화적 기억

기억에 대한 두 번째 서랍은 일화적 기억(episodic memory)이다. 일화적 기억은 맥락과 위치(여러분이 자료를 학습할 때 어디에 있었는가? 혹은 여러분은 어떤 맥락에서 학습하였는가?)에 근거를 두고 있다. Sprenger(1999)는 "John F. Kennedy의 암살 사건과 같은 잊지 못할 엄청난 사건의 순간에 우리는 어디에 있었는가?"와 같은 기억에 도움이 되는 예를 사용한다. 그녀에 의하면, 일정 교실에서 학습을 하고 그 교실이 아닌 다른 교실에서 시험을 본 학생들의 성취도가 저조한 경향을 보인다고 하였다. 이것은 시험을 준비하는 학생들에게 어떤 교실에서 시험을 보도록 할 것인가에 대해 매우 큰 시사점을 주고 있다. 일화적 기억은 우리가 처음으로 그 자료를 학습한 특정 장소나 맥락과 연관되어 있다. 따라서 학생들은 그들이 시험을 칠 때 답을 떠올리기 위해서 그 답이 이전에 게시되어 있었던 빈 게시판을 응시할지도 모른다. Sprenger(2002)는 "일화적 세부 사항들은 시간이 지남에 따라 희미해지겠지만, 그것들은 의미적 기억정보를 위한 훌륭한 계기이다."라고 말했다(p. 81).

새로운 정보의 약 98%는 오감, 즉 시각, 청각, 후각, 미각, 촉각을 통하여 뇌에 입력된다. 대부분의 수업은 시각과 청각에만 초점을 맞추고 있지만, 우리는 다른 감각들을 사용하는 것이 학습에 있어서 추가적으로 '접착제' 역할을 하는 것을 발견한다. 예를 들어, 역사시간에 시대를 공부하는 동안 그때 그 장소와 시간과 관련된 청각과 후각을 학생들에게 제공해 보아라. 상점들은 이미 그들의 판매량을 증가시키기 위해 청각과 후각을 사용하고 있다. 시내의 상점으로 걸어가며 각각의 상점을 들러 여러분의 주의를 끌기 위해 그들이 어떻게 청각과 후각을 사용하고 있는지를 살펴보아라. 여러분이 상점에 들어가면, 그들은 여러분을 유혹하기 위해 미각, 후각, 청각, 시각 그리고 촉각을 다양한 방법으로 사용한다. 교실에서 후각을 사용해 보아라. 연구는 학생들이 학습과 후각을 연결 짓는다는 것을 시사한다. 학습 시에 초콜릿 향을 시도해보아라. 심지어 학교로부터 훨씬 멀리 떨어진 곳에서도 초콜릿 향은 뇌 안에서 수업시간에 했던 학습을 강화할 것이다. 이것은 확인해 볼 가치가 있는 과학과 학습의 새로운 분야이다.

할렘가의 어려운 환경에 있는 학생들을 가르치는 데 상당한 성공을 거둔 훌륭한 교사인 Kay Toliver(1993)는 학습에서 학생들을 돕기 위해서 소품을 사용하였다. 가령 곱셈을 가르치기 위한 수학시간에 그녀는 건포도 그림을 나타내는 플래시카드를 만들어 몸에 두르고 수업을 한다. 그러면 학생들은 건포도 그림을 사용하여 곱셈을 한다. 곱셈을 하는 데 이런 소품은 아주 훌륭한 도구가 된다. Sprenger(1999)는 색에 의미를 부여한 여러 가지 색깔의 서로 다른 용지를 사용한 소품을 사용하였다. 학생들이 회상하는 데 어려움을 겪을 때 색이 가지고 있는 사실을 기억할 수 있는 색깔 용지를 제시하였다.

학생들이 일화적 기억체계를 효과적으로 사용할 수 있도록 도울 수 있는 다음과 같은 전략(Tileston, 2004c)을 시도해 보아라.

- 시각적으로 학습을 잘하는 학습자에게는 정보를 시각적으로 꾸며서 제시하라. 영어 학습자를 위해서는 그들이 어의(語義)에 관한 언어 습득 전략이 제한적이기 때문에 시각적인 것이 대단히 중요하다.
- 특별히 대단히 많은 어휘가 포함되어 있는 경우에는, 컬러 코드 단원이나 상징물을 사용하라.
- 학생들이 학습을 잘할 수 있도록 그래픽(비언어적) 조직자를 사용하라. 그리고 학생들 스스로가 그들의 학습을 위해서 그래픽 조직자를 개발하도록 가르쳐라.
- 새로운 단원을 학습하기 전에 교실 안의 배치를 바꾸어라. 이런 기법은 맥락에 영향을 준다("여러분 모두가 창문을 바라보며 앉아 있었을 때 우리는 그 정보에 관해서 말하고 있었음을 기억하라.").
- 학생들이 학습을 식별하는 것을 도울 수 있도록 상징물이나 의상 등을 사용하라. 나는 환경오염을 가르칠 때 준거 틀을 사용하였다. 한 그룹의 학생들을 정치가라고 하는 축에 다른 그룹의 학생들을 공장주라고 하는 축에 할당하고, 각각의 그룹은 그들에게 주어진 평가 기준에 따라서 환경오염에 대하여 주장을 할 수 있다. 좌표축이 학습을 위한 하나의 맥락을 제공해주었다.

감각적 기억

감각적 기억(sensory memory)은 실제로 소뇌에 저장되어 있으며 근육운동을 조정하는 역할을 한다(Sousa, 2005). 예를 들면 자동차를 운전하는 것과 같은 과정들이 뇌의 이 부분에 저장되어 있다. 이 기억에서는 반복 연습이 대단히 중요한 역할을 한다. 내가 만약 자동차를 운전하는 과정을 연습하지 않고서는 어떻게 자동차를 운전하는지 기억해낼 수가 없다. 만약 학생들이 어떤 조작을 쉽게 수행하기를 원한다면 과정적이 될 수 있도록 충분한 연습과 수행을 할 수 있도록 해야 한다. Steven Covey(1989)의 법칙 중의 하나인 28일 법칙(28-Day Rule)은 기본적으로 하나의 행동을 28일 동안 반복하여 수행하면 결국 그것이 기억 속에 내면화된다는 것이다. 행동 변화에도 사용되는 이 법칙은 행동의 반복을 통하여 부정적 사고를 긍정적 사고로 변화시키는 절차적 기억을 이끌어내는 것이다. Jensen(1998)은 구체적인 활동과 조작활동, 역할놀이, 신체적 기능 등을 통하여 절차적 기억을 향상시킬 수 있다고 하였다.

이런 시스템이 기억을 하게 하는 가장 강력한 요인들이 될 수 있을 것이다. 이 시스템을 좀 더 잘 사용하기 위해서, 학습에 움직임을 부가하는 것을 시도해 보아라. 이러한 간단한 기술들이 기억과 회상에 엄청난 힘을 주는 경향이 있다. 다음과 같은 몇 가지 교수전략 (Tileston, 2004c)은 이런 시스템을 강화하는 것 같다.

- 역할놀이
- 드라마
- 단체 낭독
- 프로젝트
- 실제 체험활동
- 조작적 활동
- 토론
- 그룹활동

반사적 기억

반사적 기억(reflective memory)은 자극에 의하여 유발된다. 우리가 모르는 개를 보았을 때 보이는 조건 반응들처럼, 자동적 기억이 된 모든 학습은 이 경로에 저장된다. 우리가 그 동물을 보고 무서운지 또는 행복한지는 과거 경험에서 비롯된 조건 반응들에 근거한다. 실제로 감정은 반사적 기억 경로에 결합되어 있으며, 우리가 노래나 그림에 어떻게 반응하는지 또한 과거 경험 또는 반사적이고 무의식적인 학습에 근거한다. 그들의 학생들을 잘 알고 있는 많은 교사들은 교실에서 유발될 수 있는 감정적 반응에 대해 인지하고 있다.

예를 들어, 북미 원주민들에게 있어서 그들의 눈을 응시하는 것은 조건 반응적 분노를 야기할 수 있는데, 그들의 문화에서 시선을 마주치는 것은 공격적인 태도이기 때문이다. 이것은 아시아 문화에서도 적용된다. 나의 학생들을 잘 이해하는 것은 나의 문화와 학생의 문화 사이에서 오는 충돌을 막는 데 도움을 줄 수 있다.

성공의 판단

그림 4.3은 이 장에서 논의한 교수 전략이 성공적으로 수행되어 학생들이 장기기억에 정보를 저장하고 이용하는 것을 도왔는지를 나타낸 것이다.

그림 4.3 ≫ 장기기억을 위한 교수의 중요성에 대한 성공적인 수업 지표	
평가도구	**성공의 지표**
수업계획	학습에서 학생들의 흥미를 자극하기 위한 기법을 포함한다. 학생들이 능동적으로 참여하도록 수업이 역동적이고, 매우 흥미가 있으며, 자료가 제시된다.
학생들의 과제와 프로젝트	정서, 관련성, 매우 흥미 있는 수업 자료를 통합한다.
학생평가	반성과 자기평가를 위한 기회가 제공된다.
영어 학습자들을 위한 수정 사항	학생들이 의미적 기억체계로부터 단어와 단순 사실을 회상하는 것을 돕기 위해 도표를 포함한다.

결론

기억의 중요성은 실로 엄청나다. 왜냐하면 우리는 모든 사고와 통찰, 그리고 세계를 이해함에 있어 기억을 사용하기 때문이다. Mark Clayson은 이렇게 말했다.

> 우리는 기억의 엄청난 중요성을 대수롭지 않게 여긴다. 우리가 매일 수행하는 일의 대부분에 기억이 포함되는 것을 우리는 거의 인식하지 못한다. 기억이 작동하는 방식은 뇌의 전두엽, 측두엽, 피질, 그리고 해마와 관련이 있다. 뇌의 이러한 이질적인 부분들은 함께 작동함으로써 우리가 기억의 형태를 형성하고 저장하게 한다. 이 기억들은 우리와 외부 세계—저장된 자료는 구체적인 환경에 대한 것일 수도 있고, 특정 인물 또는 물체에 관련된 것일 수도 있다—를 연결시킨다. (Clayson, 2007)

다양한 형태의 정보를 어떻게 저장하고 회상하는가를 이해하는 것은 교사로서 왜 학생들이 특정 학습 형태를 어려워하는지 더 잘 이해하게 하고, 학생들이 그들의 뇌의 저장체계를 더 잘 활용할 수 있도록 한다. 우리는 학생들이 단순히 시험을 위해 정보를 외우고 즉시 그것을 잊는 것에서 시각 자료와 절차를 효과적으로 사용하며 유의미한 시연, 그리고 장기기억으로 학습 내용을 이동하려는 목표와 함께 뇌의 적극적인 참여를 필요로 하는 학습체계로 이동하길 원한다.

제 5 장

고차적 사고과정을 통한 지식의 구성

발명품에 대한 권리를 얻는 자가 세상을 얻는다.

　－Joseph Renzulli와 Sally Reis(2008)가 인용한 바 있는 일본 민주당의 정치 강령에서

급변하는 세계 속에서 교사는 학생들에게 계속해서 지식을 쏟아부을 수 없다. 왜냐하면, 너무 많은 지식이 존재하기 때문이다! 대신에, 교사는 학생들이 정보를 찾고 그것을 효과적으로 사용하는 방법을 학습하게 하는 데 초점을 두기 시작해야 한다. Daniel Pink는 그의 획기적 저서 마음혁명(*A Whole New Mind*, 2005)에서 지난 세기 동안 교사는 선형적으로 적은 양의 지식을 학습한 숙련자가 존재하는 공장을 거울삼아 학교를 모형화했으며, 그들이 가진 지식이 학생들이 졸업 후 성공하기 위해 필요하다고 여기고, 학생들에게 지식을 전수하고 그들을 준비시키는 데 12년의 시간을 보내고 있다고 주장한다.

　오늘날, 학생들이 궁금한 것이 있을 때 그들은 그것을 검색한다. 오늘날 지식을 아는 것보다 더 중요한 것은 (Pink에 따르면) 창조적인 문제해결자가 되는 것이고 상대방의 의견에 동의하는지 여부를 말하는 것이다. 우리는 매우 빠르게 변화하는 엄청난 정보의 시대에 살고 있다. 만약 학생들이 이런 시대에서 성공적인 삶을 살려면 단순한 정보를 넘어 문제해결, 의사결정, 실험탐구와 같은 고차적 수준의 사고가 포함된 과정을 이해하여야 한다. 우리는 학생들의 사고가 단순한 것에서 복합적인 것으로 이동하기를 바란다. 그렇다

고 학생들에게 과제를 더 많이 부과하여야 한다는 것을 의미하지는 않는다. 왜냐하면 교사의 목표는 학생들의 내재적 동기를 저하시키고 좌절하게 하는 것이 아니기 때문이다. 그러나 오늘날 학생들에게는 복합성이 요구된다. 이런 학생들은 인터넷을 자유롭게 할 수 있는 능력이 있고, 세계적인 다양한 주제를 가지고 토론할 수 있는 학생들이다. 단순하게 기억하고 회상하는 수준의 암기위주의 사실을 제공하고 그런 것을 테스트하는 것은 지루하고 따분한 일이다. 나는 국가를 상징하는 새의 이름을 알 필요가 없다. 다만 나는 내가 필요할 때 그것을 찾아낼 수 있는 방법을 알면 된다.

Sousa(2006)는 복잡성과 곤란성에는 중요한 차이가 존재한다고 하였다. 복잡성은 뇌가 정보를 처리하기 위해서 사용하는 사고과정이다. Bloom(1976)의 교육목표분류의 각각의 단계는 복잡성이 서로 다른 수준을 나타낸다. 그러나 곤란성은 하나의 복잡성 수준 내에서 기울이는 노력의 양이다. 어떤 학습자는 낮은 수준의 복잡성에서도 곤란성에 상당히 많은 노력을 기울일 수도 있다. Sousa는 미국의 입국 허가를 얻기 위해서 학생들에게 각 주와 주의 수도를 말해 보라고 요구하는 예를 제시했다. 이것은 Marzano(2001a)가 제안한 체계 중 가장 낮은 수준에 위치하고 있지만, 학생들의 입장에서는 상당한 노력을 요하는 것이다. 사실적 지식은 학생들이 알고 있는 것을 입증해 보이기 위해 정보를 이해할 필요조차 없기 때문에 낮은 단계의 기능으로 간주된다. 학생들은 단순히 책의 사실들을 암송하면 된다.

낮은 수준의 사고를 넘어서 생각할 수 있는 기회가 제공되지 않는 학생들이나, 낮은 수준의 사고에 너무 많은 노력을 하여 고차적 사고를 할 수 있는 시간이 없는 학생들은 정신적으로 높은 수준으로 성장할 수 있는 기회를 박탈했다는 의미에서 위에 제시한 것은 틀림없이 뭔가 잘못된 것 같다. 연구에 의하면 그렇지 않은데도 불구하고 교사들은 학습부진 학생들이 고차적 사고를 할 수 없다고 잘못 생각한다. 이런 학생들도 학습하는 데 중요한 속성만 제공되고 다른 잡다한 요인들이 제거되었을 때는 좀 더 복합적인 고차적 수준의 단계까지 사고할 수 있다. Sousa(2006)는 교사들이 교육과정을 세심히 공부하고 덜 중요하다고 판단되는 잡다한 정보나 주제들을 제거하여 시간을 충분히 갖고 고차적 사고를 훈련하면, 학습부진 학생들도 고차적 수준의 사고를 할 수 있다고 하였다. 우리는 효과적으로 발판(scaffolding, 비계설정)을 활용함으로써 학생들이 고차적 사고를 할 수 있게 유도할 수 있다. 발판은 학습 격차로 인해 이해하는 데 어려움이 있는 학생들이 그들이 도달하고자 하는 학습수준에 도달할 수 있도록 도와주기 위해 학습에 부가되는 체계이다. 예

그림 5.1 >> 정부의 수준

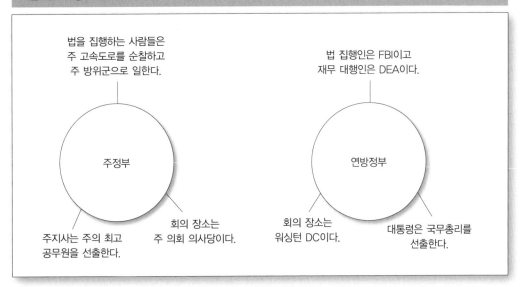

를 들어, 나의 학생들이 주(state)와 연방(federal)정부의 차이를 이해하기를 원한다면, 학생들로 하여금 높은 수준의 학습능력을 위한 고차적 사고를 하도록 하기 위해 다음과 같은 단계를 밟을 수 있다.

1. 먼저 우리는 의회 의원의 역할과 책임의 범위를 포함한 주와 연방정부의 개념을 학습한다.
2. 학생들은 속성 바퀴를 만들 것이다. 그림 5.1은 두 정부의 속성을 나타낸 것이다.
3. 속성 바퀴에 의해 제공된 정보에 기초하여, 학생들은 다음과 같은 행렬표를 만든다.

주정부	다음의 세 가지의 공통점이 있다. 1. 최고 공무원을 선출한다. 2. 지정된 의사당 건물에서 회의를 　진행한다. 3. 법을 집행하는 대행기관이 있다.	연방정부
주 입법부에 의해 통과된 주 집행에 국한된다.	차이점 : 권력의 규모	연방정부의 법 집행은 모든 주에 영향을 준다.
주 집행은 주 고속도로 순찰이나 주 안전요원의 긴급 상황에 국한된다.	차이점 : 집행의 형태	FBI나 미국 재무부, 그리고 DEA를 포함한 연방 집행은 모든 주에 적용된다.
고속도로 순찰차나 주 경찰에 의해 모든 법이 집행된다. 주 보안관은 주에 긴급 상황이 생겼을 때만 행동한다.	차이점 : 집행의 규모	FBI는 연방법과 헌법을 규제한다. 재무국은 술, 담배, 화기뿐만 아니라 사기, 위조, 모조 등도 관리한다. DEA는 마약을 관리한다.

학생들이 속성 바퀴를 숙달하고 행렬표들을 비교 · 대조할 수 있게 되면, 그들은 손쉽게 정보를 사용하고 벤 다이어그램을 만들 수 있다. 학생들은 또한 이 정보를 활용하여 비교와 대조하는 글을 쓸 수 있다.

Marzano와 Kendall의 새로운 교육목표 분류체계(2008)를 사용하여, 교사가 학생들을 어떻게 기초적 지식에서 보다 복잡한 학습과 과정을 밟게 할 수 있는지 알아보자.

4. 단순히 기억하고 회상하고 기본적 절차를 실행하는 것을 포함하는 회상 목표

5. 지식의 결정적 속성을 알아내고 형상화하는 것을 포함하는 이해 목표

6. 지식의 확장을 추론하는 분석 목표

7. 특정 과업을 달성하기 위해 지식을 사용하는 것을 포함하는 지식 활용 목표

8. 목표를 정립하고 확인하는 과정을 관리하는 초인지 목표

9. 동기를 통제하는 태도, 신념 그리고 행동을 관리하는 자아체계 목표

연결은 두 개나 혹은 그 보다 많은 물건, 사람, 요소, 사실 등의 유사성과 차이점을 식별하는 것이다. Marzano와 Kendall(2008)에 따르면, 연결과정은 다음과 같은 요소를 포함한다.

• 연결되는 항목들을 분석하고 속성을 규명하기

• 그들이 얼마나 같은지 또는 다른지를 밝혀내기

• 유사성과 차이점을 가능한 한 자세히 진술하기(그림 5.2는 연결의 예시이다.)

그림 5.2 》 명사와 동사의 속성 비교표

명사	속성	동사
명사는 복수형이 될 때 철자가 변할 수 있다.	철자	동사는 3인칭 단수형일 때 철자가 변한다.
고유명사는 문장의 어디에 들어가든 대문자로 써야 한다.	대문자 사용	동사는 문장의 첫머리에서만 대문자를 사용한다.
명사는 사람, 장소, 물건 등의 이름을 나타낸다.	이름이 무엇인가	동사는 행동을 나타낸다.
명사는 시제가 변하지 않는다.	시제의 사용	동사는 현재, 미래, 혹은 과거에 따라서 시제가 변한다.

분류

분류를 할 수 있는 학생들은 어떤 것들을 범주 속으로 놓기 위한 속성을 어떻게 사용하는 지를 이해한다. 그들은 또한 어떤 것들이 하나의 범주보다 더 많은 범주 속으로도 갈 수 있다는 것을 이해한다. Marzano와 Kendall(2008, p. 18)에 따르면, 분류과정의 요소는 다음을 포함한다.

- 항목의 범주를 나타내고 그들이 어떻게 연관되어 있는지를 설명하기
- 항목이 분류된 속성을 정의하여 나타내기
- 항목이 속한 상위 범주를 나타내고 왜 그 항목에 속하는지를 설명하기
- 하나 이상의 범주를 나타내기
- 벤 다이어그램을 이용하기(여러 항목들을 분류할 때 벤 다이어그램이 종종 사용된다. 그림 5.3은 그들 중에서 정사각형과 직사각형의 비교를 위해서 벤 다이어그램을 사용한다. 다이어그램의 왼쪽은 직사각형을, 오른쪽은 정사각형의 속성을 보여주고 있다. 가운데는 공통적인 속성을 나타낸다. 여기에 Parks와 Black(1992)이 벤 다이어그램을 사용할 때 도움이 되는 도형에 대한 정의가 있다.)

그림 5.3 >> 직사각형과 정사각형의 비교 벤 다이어그램

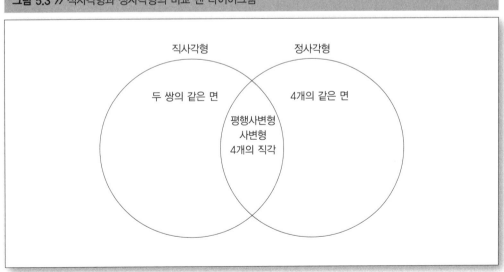

만약 여러분 학생들이 벤 다이어그램(학업성취도 시험에서 점점 출제 빈도수가 높아짐)에서 어려움을 느낀다면 처음에는 비교표를 가지고 시작하고 그 다음에 밴 다이어그램을 하라.

Marzano(1992)는 학생들이 분류하는 데 도움을 주는 다음과 같은 질문을 사용하고 있다.

- 이것들을 어떤 그룹 속으로 조직할 것인가?
- 각각의 그룹 멤버가 되는 규칙은 무엇인가?
- 각각의 그룹 특성을 정의하는 기준은 무엇인가?

귀납법

귀납법은 알려진 것을 이용하여 알려지지 않은 것을 예상하는 것이다. 귀납법은 학생들의 현재뿐만 아니라 생애 전체를 통하여 그들의 세계에 대하여 정보에 근거한 의사결정을 도와주는 중요한 고차적 수준의 기능이다. 우리는 학생들이 그들의 생애에서 반드시 알아야 할 모든 것을 가르쳐줄 수는 없다. 단지 우리는 학생들이 그들의 생애를 통하여 특별히 사용할 수 있는 고차적 사고기능을 가르칠 수 있을 뿐이다.

다음과 같은 예시를 생각해 보자. 미국 텍사스주 댈러스의 날씨 패턴을 연구한 후, 학생들은 여름 날씨에 대해 예상할 수 있다. 귀납법은 가정이 옳더라도 결론이 틀릴 수 있는 개선 가능한 결론에 지나지 않는다. 귀납법의 예시를 들면 다음과 같다.

- 댈러스의 7월의 평균 온도는 98°F 이다.
- 나는 댈러스에 살고 있다.
- 나는 7월에 매우 높은 온도를 경험할 것이다.

연역법

연역법은 귀납법이 관찰과 사실에 근거한 가능한 결론을 도출하는 것과는 다르게 절대적인 개념이나 기준으로 이끄는 규칙이나 원리에 기초를 두고 있다. 귀납법은 알려지지 않은 것을 다루지만, 연역법은 원리나 규칙에 기초를 두고 알려진 것을 다룬다. 예를 들면, 피보나치수열에서 1, 2, 3, 5, 8 다음은 13이다. 이것은 이미 알려진 사실이다. 왜냐하면, 앞의 두 수를 더하여 다음의 수를 만드는 규칙이기 때문이다. 이와 같이 우리는 수열에서 다음의 수가 13이라는 것을 이끌어낼 수 있다. 연역법은 오직 전제가 참일 때만 가능하다.

- 모든 사람은 죽는다.
- 에이브러햄 링컨은 사람이다.
- 에이브러햄 링컨은 죽는다.

오류 분석

사고하는 데 있어서 오류를 알아내고, 자기 스스로의 사고를 평가하고 다른 사람의 사고를 평가하는 능력은 개발해야 할 가치가 있는 기능이다. 이런 능력은 개인적인 가치평가를 포함하고 있기 때문에 반드시 통속적 기능(popular skill)은 아니다. Marzano(1992)는 오류를 분석하는 데에 도움이 되는 다음과 같은 몇 가지 질문을 권장하고 있다.

- 이 정보 안에 있는 논리의 오류는 무엇인가?
- 이 정보는 어떻게 오류로 이끄는가?
- 이것은 어떻게 교정되고 개선될 수 있는가?

근거 구성하기

아이디어에 대한 근거를 구성하는 것은 삶의 중요한 부분이다. 능숙하게 증거를 수집하는 능력이 포함된 원리를 학습하는 학생들은 중요한 삶의 기능뿐만 아니라 그들의 지식을 확장하는 데 도움이 되는 도구를 갖게 될 것이다. 이런 능력에 기초를 둔 설득력 있는 글이 있다. Marzano(1992)는 Kinneavy(1991)가 제시한 근거 구성하기에 대한 네 개의 범주를 다음과 같이 제시하고 있다.

1. 인물을 통한 호소. 이런 호소를 사용할 때는 화자나 작자가 그들의 목적으로서 좋아해야 한다. 이것은 보통 이야기나 일화의 형식에 대한 화자나 작자의 개인적인 정보를 통하여 이루어진다.
2. 인정된 신념과 전통을 통한 호소. 화자나 작자가 청중들에게 널리 퍼져 있는 보편적 진

실을 사용한다. 예를 들면, "텍사스에서는 이것이 우리가 일을 행하는 방식이다."

3. 수사(修辭)를 통한 호소. 언어와 몸짓을 사용하여 화자나 작자가 청중들에게 호소한다.

4. 논리를 통한 호소. 화자나 작자가 증거와 예시 등을 사용하여 자기의 사고과정을 청중들에게 설득한다. 예를 들면, "이 나라에서는 세계의 모든 사람이 매일 2,500칼로리 이상을 섭취할 만큼의 많은 충분한 식량을 매년 생산하고 있습니다. 그런데도 세계 곳곳에 빈곤 문제가 왜 발생하고 있는 것입니까?"

추상화 혹은 패턴 구성하기

제1장에서 우리는 뇌가 어떤 패턴을 좋아하고 찾으려고 한다는 것에 대해 논의하였다. 패턴을 이해하고 창조하는 능력은 의미를 구성하는 데 중요한 기능이다. 이 기능에 정통한 학생들은 한 현상이 다른 현상과 관련되는 근본 이유와 방법을 찾는다.

이런 사고유형에 대한 두 번째 부분은 이미 존재하는 패턴에 근거하여 새로운 패턴을 알 수 있는 능력이다. Linda Booth Sweeney(2001)의 나비가 재채기할 때(*When a Butterfly Sneeze*)는 실제 자연 세계에 적용이 가능한 문학 작품 속에서 일어나는 패턴들을 대상으로 구성되었다. Ray Choiniere와 David Keirsey(1992)는 대통령의 기질(*Presidential Temperament*)에서 "내가 만약 국가의 분위기와 대통령 후보자들의 성격유형을 알면, 나는 선거에서 누가 당선될 것인가를 (과거의 경험에 근거하여) 정확히 예상할 수 있을까요?"라고 질문하였다.

관점 분석하기

관점 분석하기는 그 자신이 아닌 다른 사람들의 관점에서 사건과 정보를 조망하는 학습자의 능력이다. Marzano(1992)는 관점을 분석하기 위해 다음과 같은 질문을 제안하고 있다.

- 어떤 사람은 왜 이것을 좋게(혹은 나쁘게 혹은 보통으로) 생각하는가?
- 그들의 관점 뒤에 숨어 있는 이유는 무엇인가?
- 대안적인 관점은 무엇이며, 그 뒤에 숨어 있는 이유는 무엇인가?

새로운 분류체계에서의 분석수준은 연결, 분류, 분석, 생성, 명시 등의 고차적 사고기능과 관련되어 있다. 이것들은 학생들이 지식을 이해하고 정교화하는 데 있어 중요하다.

연결. 학생들이 연결을 사용할 때, 자전거와 오토바이의 공통점과 차이점을 알아보는 단순한 예시자료에서부터 분수와 소수의 공통점과 차이점을 알아보는 복잡한 수준까지 비교와 대조의 과정을 거친다. 어떻게 항목이 달리 분류되는지를 결정하는 중요한 핵심 속성이 이 과정을 더 복잡하게 만든다. 예를 들어, 분수와 소수를 대조할 때, 무엇이 중요한가? 분모를 바꾸는 것? 그것은 어떻게 표현되는가?

분류. 분류할 수 있는 학생들은 속성에 근거한 유의미한 범주에 각각의 물건을 넣을 수 있다. 효과적으로 분류하기 위해서는 왜 특정 범주에 그것이 속하는지를 분석할 수 있는 능력이 필요하다. 교사는 학생들의 분류능력을 향상시키기 위해 창의적인 범주를 사용할 수 있다. 예를 들어, 붉은색 사물에는 정지 신호, 립스틱, 입술 등이 있다. 우리는 이것들을 신문이나 **붉은 무공훈장**(*The Red Badge of Courage*)처럼 더 창의적인 범주로 이동시킬 수 있다.

분석. 오류를 분석할 수 있는 학생들은 제시된 진술에서 합리성과 논리성을 분석하고 사고과정의 오류를 발견할 수 있다.

생성. 효과적으로 생성할 수 있는 학생들은 패턴이나 연관성을 발견하고, 연관성을 찾지 못했을 때도 패턴에 대해 설명할 수 있다. 예를 들어, **켄터베리 이야기**(*The Canterbury Tales*)에 대해 학습하는 학생이 그들을 반영한 이야기를 하고 있는 순례자와, 오래된 재방송 텔레비전 쇼 'Cheers'에서 이야기를 나누고 만나는 주인공들 사이의 패턴을 발견하는 것이다.

명시. 명시할 수 있는 학생들은 주어진 원칙에서 새로운 적용을 발견해낼 수 있다. 지난 시간 동안, 교사들은 더 나은 쥐덫을 발명할 수 있는 사람이 성공하는 사람이라고 말했다. 그러나 오늘날 Daniel Pink(2005)에 따르면, 더 나은 쥐덫을 발명하는 것으로는 충분하지 않다. 미적으로 아름다우면서도 이전 쥐덫의 문제를 해결할 수 있어야만 성공할 수 있다.

새로운 분류체계에서, 지식 활용은 과업을 달성하게 하는 기술을 포함한다. 지식을 활용하기 위해, 우리는 고차적 사고를 수반한 결정을 해야 하고, 문제를 해결해야 하고 실험과 조사를 해야 한다.

결정을 내리기 위한 전략을 효과적으로 사용할 수 있는 학생들은 어떤 결정에 근거해야 하는지, 대안은 어떤 것인지, 결정을 위한 절차와 방법은 어떤 것인지를 기준에 따라 결정할 수 있다.

문제를 해결할 수 있는 학생들은 목표를 향해 갈 때 마주치는 장해물을 극복할 수 있거나 장해물을 피해갈 수 있는 대안을 찾을 수 있다. Marie Curie는 여성이 과학을 하는 것은 적절하지 않다던 시대에 살았기 때문에 여성 과학자로서 어려움을 겪었다. 그래서 그녀는 남편을 통해 그녀의 발견을 이루어내는 대안을 모색하였다.

실험을 수행할 수 있는 학생들은 성공적으로 가설을 설정하고 검증할 수 있다. 그들은 또한 실험결과를 정확하게 평가할 수 있다.

탐구를 할 수 있는 학생들은 과거, 현재, 미래의 사건에 대해 가설을 검증해 볼 수 있다. 예를 들어, 주변 다른 연못은 그렇지 않은데 이웃의 연못만 갑자기 오염되었다면 무슨 일이 일어났는지 밝혀내는 탐구를 수행하는 것이다.

성공의 판단

그림 5.4는 고차적 사고기능이 학습의 일부가 되는 경우를 나타내 주는 지표들을 보여주고 있다.

그림 5.4 》 고차적 사고기능이 성공적으로 수업에 통합되었을 때의 지표

평가도구	성공의 지표
학생 결과물	비판적 사고기능, 창의적 사고기능, 문제해결능력이 조장되고 격려된다.
학생 결과물과 평가	학생들의 결과물과 평가물은 분석수준이거나 그보다 높다.
수업계획	원인과 결과 구분하기와 같은 귀납적 사고기능들이 포함되어 있다.
수업계획	논리와 삼단논법과 같은 연역적 사고기능들이 포함되어 있다.
학생 결과물	고차적 사고기능에 대한 이해를 나타내고 있다.
학생 결과물	학생들이 어렵고 복잡한 문제해결능력의 단계를 수행할 수 있다는 것을 나타내고 있다.

결론

고차적 수준의 사고기능이 학습의 일부가 될 때, 학생들은 보다 더 복잡한 사고과정을 사용한다. 비판적 사고와 창의적 사고 및 문제해결능력이 조장되고 격려되어야 한다. 교사는 좀 더 복잡한 사고기능과정을 위하여 가르치려는 것과 관련하여 낮은 수준이거나 관계가 별로 없는 정보 등을 제거하여야 한다. 가능하면 학생들의 결과물과 평가물은 분석수준이거나 그보다 높아야 한다. 원인과 결과 구분하기, 추론하기와 같은 귀납적 사고기능이 수업계획의 한 부분이 되어야 하고, 학생들에게 논리와 삼단논법 사고와 같은 연역적 사고기능을 사용할 수 있는 기회가 제공되어야 한다. 속진 학생들뿐만 아니라 모든 학생들에게 고차적 수준에서 학습을 수행할 수 있는 기회가 제공되어야 한다. 교사가 이렇게 해야 교육의 질을 높일 수 있다.

제 6 장

협동학습 증진시키기

유비쿼티스 정보화와 발전된 분석도구의 세계에서 논리만으로는 일을 감당할 수가 없다. 우리는 사람들이 왜 그런 결론에 도달했는지, 왜 그렇게 행동하는지, 그리고 왜 그런 방향으로 생각하는지에 대하여 귀를 기울이고 분간할 수 있어야만 한다.

–Daniel Pink(2005, p. 66)

Pink(2005)는 그의 파격적인 저서 마음혁명(*A Whole New Mind*)에서 그가 말한 21C에 요구되는 "우리의 마음을 안내하는 여섯 가지 센스"로 우리를 안내한다. 그중 두 가지 센스는 우리가 동의하든지 않든지 간에 모든 사람의 활동능력을 관장하고 있다. 우리가 전 세계적으로 경쟁하는 세계에서 이것은 필수이다. Pink는 사람들이 가장 잘 이해하는 방법으로 대화하는 방법을 학습해야 한다고 말한다. 이러한 글로벌 세계에서는 어떤 사람이 어디에서 논쟁할 때 어떤 점을 다른 방향에서 단지 효과적으로 논쟁했다고 해서 그 점을 충분히 논쟁할 수 있다고 볼 수가 없다. Pink는 설득, 의사소통, 자기 이해의 본질은 당위성에 대한 설명을 잘해서 보여주는 능력이라고 말한다(p. 66).

우리가 다른 사람과 함께 활동하는 능력에 속하는 두 번째 센스는 진정한 애정을 보여주고 다른 사람의 생각을 이해하는 능력이라고 한다. 지난 세기에 우리는 논리에 강조를 두어 왔지만 우리의 생각과 아이디어가 이야기 형태로 된다. 논리적 사고에 의해 지배되는 세계에 더 이상 살지 않는다.

나의 교실에서 졸업생들에게조차도 나는 항상 협동학습을 견지해 왔다. 나는 학생들에게 작업장에서 가장 상업적인 친절한 사람이 되라고 말하며 다른 사람과 함께 협조하라고 강조한다. 협동은 단지 집단 내에서 함께 활동하는 것 이상으로 교실 내에서 의사소통이 이루어지는 전반적인 과정이다. 교사들은 학생들이 학습할 내용과 평가받을 방법에 대하여 학생들과 어떤 방식으로 의사소통을 하는가? 학생들은 교사나 동료학생들과 함께 어떤 방식으로 의사소통을 하는가? 학부모의 역할은 무엇인가? 의사소통의 과정은 일방적인가, 양방적인가, 아니면 복합적인가? 의사소통의 형태는 글인가, 말인가, 접촉인가, 아니면 컴퓨터에 의한 것인가?

구직(求職) 시장에서 성공하려면 학생들은 자신의 지식과 생각을 세련되게 다듬을 수 있어야 하며, 다른 사람들의 생각과 의견을 들을 수 있어야 한다. 학생들은 협동적이고 집단적인 학습 전략을 통해 이미 배운 내용을 굳건하게 다지고 학습활동을 수행한다. 이런 활동을 통하여 개인적 평가가 치러질 시기에 내용은 개인의 장기기억 속에 저장된다. Sizer(O'Neil, 1995 재인용)는 다음과 같이 말하고 있다.

> 실제로 살아가는 세상에서는 협동이 필요하다. 여기서 협동이란 어떤 문제를 다른 사람과 함께 해결하는 행동을 말한다. 그리고 집단에서 제대로 작동하는 학습능력이 중요한 능력이다. 우리는 개인의 학습과정이 집단적 노력을 통해 강화된다는 점을 경험과 다른 증거들을 통해서도 잘 알 수 있다. 다른 사람들과 의견을 공유하고, 의견을 전하고, 적절한 타협점 및 결론을 찾는 행위는 그 자체로도 교육적이라고 본다.

만일 학생들이 다른 사람들과 효과적으로 협동하는 법을 잘 배우지 못했다면, 이들이 다른 사람에게 공격을 하지 않으면서 상대방의 의견을 비판할 수 있는 고차원의 기술을 어떻게 기대하겠는가?

노동부 장관 산하의 필수기능성취위원회(SCANS)가 낸 보고서(미국 노동부, 1991)는 발표 당시 사람들의 눈을 번쩍 뜨이게 하는 내용을 담고 있었다. 이 보고서에 따르면, 학생들이 읽기와 수학 및 작문 실력을 갖추는 것도 중요하지만 시장에서 경쟁력 있는 매우 중요한 기량으로 학생들이 배워야 할 기능은 바로 다른 사람과 함께 일할 줄 아는 능력이라는 것이다. 물론 이 사실은 놀라운 일이 못 될 수도 있다. 우리는 사람들이 무능해서 직장을 잃는 것이 아니라 다른 사람과 어울릴 수가 없어서 해고가 된다는 점을 이미 수년 전부터 알고 있다. 학생들은 때때로 교실 안에

교사가 학생들에게 줄 수 있는 가장 중요한 상업적 기능 중의 하나가 다른 사람들과 함께 일하는 협동능력이다.

서 다른 학생들과 함께 무엇이든지 해보는 기회를 가져야 한다. 나이가 아주 어린 유아기 때부터 사회적 기능(social skills) 습득이 필요하다. 정보를 안다는 것과 다른 사람에게 그 정보를 설명해줄 수 있다는 것은 별개의 문제다. 만일 소집단 안에서 아이들이 함께 수준 높은 문제를 해결할 수 있다면, 이는 금상첨화다.

우리가 재구조화가 필요한 학교를 위해 연구를 수행할 때의 얘기다. 우리 측 컨설턴트가 업계와 산업계 쪽 관계자들과 함께 학교를 방문한 뒤 우리가 학생들에게 가르쳐야 할 주요한 기술이 무엇인지를 물어본 적이 있다. 이에 대한 학교 측 대답은 놀랍게도 사회적 기능과 협동능력을 가르쳐줬으면 한다는 것이었다. 한 석유 회사에 따르면, 구직자들이 면접을 보러 오면 이 회사는 소집단 단위로 이들을 면접장에 들여보낸다. 여기서 구직자들은 특정 과제를 받은 뒤 이 과제를 여러 사람과 함께 협력할 것인지 아니면 조그만 사무실 공간에 혼자 앉아 풀 것인지를 정해야 한다. 여기서 구직자들이 모르는 사실이 하나 있다. 만일 이들이 혼자 과제를 풀겠다고 하면 회사는 이들을 2차 면접 대상에서 제외시킨다. 장학 및 교육과정개발연합회(ASCD)에서는 1999년 연감에서 다음과 같이 밝히고 있다. "학습과정은 단순한 개별학습으로부터 협동적이고 사회적인 문제해결활동으로 의미가 발전하였다. 이런 사회적 문제해결과정에서는 대화와 실질적이고 의미가 있는 참여 그리고 실제경험이 필요하다."

협동학습은 기술공학적으로 성공하여 서로가 친하게 된 오늘날 학생들에게 '최고의 활동'이라고 여겨져 왔다. 진정한 협동학습은 집단에 동질적이고, 눈과 눈을 잘 마주치는 등 특별한 행동의 과정이다. 협동학습에서의 효과성에 관한 자료를 살펴보면 최고의 효과를 얻기 위해서 다음과 같은 여섯 가지 요인을 가지고 협동학습을 해야 한다.

- **성찰.** 모든 학생에게 협동하는 집단에서 그들의 활동에 대해 성찰하는 기회를 만들어 주어야 한다.
- **개인적 성취.** 학생들이 협동하여 학습을 하지만 그 성취는 집단이 아닌 개인별로 각각 평가되어야 한다.
- **협동.** 생각은 여럿이 토론을 하고, 협동집단으로 활동해야 한다. 학생들은 집단에서 공유하며 활동할 때 의미 있게 일을 한다.
- **고차적 사고.** 협동학습이 바쁜 일이 아니라, 협동학습은 고등 사고능력이요 사고의 공유이다.

- 정서적 영역. 정서적인 결속과 유대관계가 진작되어야 한다.

- 사회적 기능. 사회적 기능이 인지적 기술능력에 따라 직접적으로 길러지며, 집단 내에서 나타나도록 기대된다.

사람을 단지 집단에 소속시키는 것으로는 부족하다. Marzano(2007)는 여러 연구자들이 연구한 협동학습의 활용에 대한 연구결과들을 소개하였다. 협동학습의 효과성에 대한 122개의 연구들을 살펴볼 때, 교실에서 협동학습을 활용한 효과의 평균 크기는 0.73을 보이거나 27%를 보인다. 학생들이 서로 토론하는 학습의 기회를 가지게 될 때 그들의 뇌에 친화적인 방법으로 학습할 뿐만 아니라 토론을 통하여 다른 관점을 듣게 하고, 손짓 발짓과 억양과 말소리를 관찰하게 하고, 개념을 기억하고 형성하는 스키마(shema)를 발전시킴으로써 그들 나름대로의 자신의 지식을 발전시킨다. Marzano의 이러한 연구는 또한 협동학습에서 집단의 크기가 매우 중요하다는 것을 보여주기도 한다. 4명까지의 집단에서는 협동학습이 효과적이지만 5명 이상에서는 효과가 부정적이다.

교실에서 의미 있는 협동학습이 이루어지려면 적어도 다음과 같은 네 가지의 중요한 의사소통이 중요하다.

교사와 학생 간의 의사소통

제1장에서 교실환경의 중요성과 긍정적 학급 분위기의 영향력에 대하여 설명한 바가 있다. 문화적인 반응이 있는 교실에서는 그 문화 때문에 학생들 간의 관계 형성이 가장 중요하다는 것을 교사들은 인식한다. 미국에서 태어나지 않은 히스패닉계 학생들과 미국에서 태어나서 자란 아프리카계 미국인 학생들에게 있어서 먼저 관계를 맺게 하고 난 다음 학습 과제를 수행하도록 하는 것이 필수적이다. 대부분의 교사들은 교원양성대학에서 배운 대로 학습 과제활동을 하게 한 후 관계를 맺게 한다. 그러므로 교사들이 관계의 중요성을 모르거나 이해하지 못한 상태에서 여러 교실 수업에서 바람직하지 못한 경험을 해왔다. 아메리칸 원주민과 아프리카계 미국인과 같은 앵글로 색슨 북유럽의 조상을 둔 역사적으로 부정적 경험을 가지고 있는 문화권 학생들은 이러한 역사적 유산 때문에 교사를 믿지 않을 것이다. 우리는 학교 교육의 시작단계부터 상호신뢰와 상호존경체제부터 형성하여야 한다. 중요한 관습과 공휴일제도 등을 포함해 학생들의 문화적 배경과 흥미를 교사는

이해해야 한다. 또한 교사는 학생들에게 필요한 지원, 자원, 정보를 제공하면서 학습관계를 부여해야 하며 비현실적인 요구나 기한제한을 하지 말고, 언어를 잘 모르는 학생에게 특별한 관심을 가져야 한다.

교사가 학생들에게 강조하여 말하는 것도 중요하지만 교사의 어조와 신체적 움직임도 중요하다. Jensen(2003)은 교실의 높은 스트레스와 위협이 뇌세포를 손상시킨다고 말한다. 그는 계속해서 "교실에서의 위협적인 분위기는 신체의 반응과 학습효과를 악화시킨다."고 말하고 있다. 학생들에게 평안함과 신뢰를 주어야 한다. 위협이 존재하는 교실에서는 그들이 하는 어떤 일도 성공할 수 없다. 제1장에서 우리는 학생들을 그냥 실패하도록 내버려 두지 않을 것이며, 적극적으로 지지해줄 것이라는 말을 해주었을 때 성공하게 된다는 것을 분명히 살펴보았다. Jensen(2003)은 교실에서 학생들에게 가하는 위협의 예를 다음과 같이 제시하고 있다.

- 동료학생들 앞에서 난처하고 당혹스럽게 하는 것
- 필요한 내용, 지원이나 정보 없이 학생에게 과제의 한계나 한도를 비현실적으로 제시하는 것
- 학생이 영어로 말하는 능력이 부족함. 영어를 국어로 배우는 학생들은 발음 때문에 남들로부터 비웃음을 받을까 봐 걱정되어 크게 말하지 않으려 함을 명심할 것
- 지배적인 문화만 반영하는 교실 같은 상쾌하지 않고 불편한 교실 문화
- 운동장, 컴퓨터실, 복도에서의 불량한 행동
- 학습에 문제를 느끼는 학생에 대한 부적절한 학습양식의 제공. 이런 학생들에게는 뇌 기반 학습을 다시 제공해줄 것
- 가족 구성원들과의 싸움 같은 교실 밖의 요인
- 위협적인 어조로 말하기

위협이 존재할 때, 뇌는 생존하기 위하여 움직인다. 그리고 우리가 생존하기 위하여 몸부림칠 때 학습에 필요한 고차적 수준의 사고를 생존 전략에 허비하면서 학습을 하게 된다. 추가해서 우리들은 웰빙상태로부터의 위협도 존재한다. Jensen(2003)은 뇌의 상태에 대한 그의 책에서 인간은 다른 어떤 상태보다 웰빙상태에서 유능하게 활동한다고 말한다. 그렇다면 어떤 사람들은 가끔씩 왜 그런 상태를 유지하지 못하는가? 그 이유는 위협, 비상상황, 우울 등이 그들을 보다 바람직한 마음의 웰빙상태를 유지시키지 못하게 하기 때

문이다. 그는 계속해서 이러한 웰빙상태는 "우리의 세로토닌(serotonin) 수준이 적당하면 이웃에 대해 우월하거나 열등하게 느끼지 않는다. 우리의 에너지 수준이 적당하면 과잉행동이나 소극적인 행동을 하지 않는다."(p. 101)

일단 긍정적인 학습 분위기가 형성되면, 교사는 말이나 글로 자신의 기대를 전달해야 한다. 왜 이 두 가지를 다 사용해야 하는가? 교실에서 학생들의 80% 정도는 청각만으로는 학습하는 데 부족하다. 교사의 기대에는 학습에 대한 기대뿐만 아니라 교실의 규칙도 포함하고 있다. 교사는 학생들에게 과제에 대하여 평가받을 것이라는 말을 하기에 앞서, 그들이 과제해결에 성공하기 위해 무엇을 해야 하는지를 구두로 그리고 서면으로 제시해주어야 한다. 그리고 그것은 후에 문자로 다시 알려주어야 한다. 우리가 학생들에게 성공하라고 조언을 할 때 당혹스럽지 않게 해야 한다. 학생들은 인쇄물이나 글씨로 쓰인 것들을 받게 되면 그것들을 통하여 평가를 받지 않나 하는 생각을 하게 되는데 이는 놀랄 일이 아니다. 만일 교사가 학생들에게 긍정적 분위기 속에서 학생들에게 구체적으로 적당한 설명을 해주지 않으면 학생들은 '질 높은 결과산출'이나 '개인적으로 최상'의 이해를 하지 못하기 때문에 긍정적 분위기의 조성이 매우 중요하다.

교사는 학생들이 잘 이해하고 있는지를 확인하기 위하여 수시로 학습의 기준점을 설정해야 한다. 이러한 확인과 기준점 설정은 매 시간 그리고 매일 이루어져야 한다. Sousa(2006)는 학생들의 학습 정도를 알아보기 위한 평가를 공부하고 나서 24시간 이내에 하면 소용이 없다고 하였다. 왜냐하면, 학습한 것이 장기기억 장소에 저장되었다고 보려면 24시간이 넘어서까지 저장되어 있어야 하고, 그럴 때 비로소 학습되었다고 확신할 수 있기 때문이다. 아무튼 확인과 기준점 설정은 학생들의 등급을 매기기 위한 것이 아니라 학생들이 얼마나 잘 이해하고 있는지를 알아서 도와주기 위한 것이다.

학생들이 학습하고 있는 동안 교사는 교실을 **순조롭게 통제**함으로써 누가 공부를 하지 않으며, 누가 아직 이해하지 못하며, 누가 학습에서 실패할 가능성이 있는지를 잘 파악하여야 한다. 이러한 경우 중에 어느 한 경우라도 발생하면 교사는 즉시 개입하여 문제를 해결해 나가야 한다.

끝으로 교사는 학생들이 활발히 참여하도록 **능동적**이고 **흥미있게** 설명을 함으로써 학생들을 자극하는 코치, 지도자가 되고 교실에서 안내자 역할을 한다. 교사는 학생들로 하여금 수동적으로 듣게만 하고 계속 가르치기만 하면 안 된다. 오늘날의 아동들은 계속적으로 감각을 자극하는 음악이 흘러넘치는 세계에 살고 있다. 그들은 그저 수동적으로 들으

면서 하루 종일 앉아 있지를 못한다. Jensen(1998)은 "오늘날의 교사는 학습을 위한 촉매
자로서 숨쉬는 교과서라고 생각해야 된다. 학교는 다음 세기를 위한 동기유발적이고, 사
려 깊고, 책임감이 있으며, 생산적인 시민을 육성하는 등의 더욱 커다란 역할을 하여야 한
다."고 말하고 있다.

학생과 학생 간의 의사소통

Jensen(1998)은 다음과 같이 말하고 있다.

> 우리 인간의 뇌는 모든 것에 능숙할 순 없다. 그렇기 때문에 뇌는 시간이 흐르면서 스스
> 로의 생존을 시킬 수 있는 것을 선택한다. 인간의 뇌는 커뮤니케이션의 주요 수단으로 언
> 어를 사용하며 진화되어 왔다. 이러한 사실은 왜 집단의 팀활동과 협동학습이 학생들 간
> 에 이해를 돕고 새로운 개념을 학습하는 데 유익한지를 설명해준다. 집단활동은 서로에
> 게 의사소통하기를 요구한다. 이러한 과정을 통하여 학습은 더욱 강화된다.(p. 82)

우리는 다른 사람에게 무엇인가를 가르칠 때 가장 효과적으로 배운다. 교사의 경우, 언
제 자신의 과목을 가장 잘 알게 되느냐고 묻는다면 아마도 다른 사람에게 그것을 가르칠
때일 것이다. 학생들에게 배운 것을 말할 기회를 제공함으로써 이러한 훌륭한 교수기법을
활용하게 되는 것이다.

또한 학생들은 자신의 가장 친한 친구뿐만 아니라 덜 친한 다른 학생들과도 함께 활동
할 기회를 갖게 할 필요가 있다. 사회적 기능, 집단 내 상호작용 기술, 대화기법, 집단문제
해결능력은 학생들에게 제공할 수 있는 가장 높은 단계의 기술들이다. 아마도 이러한 능
력들은 인생의 성공에 있어 교사가 학생들에게 제공하는 학문적인 기술보다 더 큰 도움이
될 것이다. 학생들은 만족을 느낄 수 있고 가치 있는 관계를 확실히 형성할 수 있을 것이
다. 그러나 과거에 집단활동을 시도하지 않았던 교사들은 그것이 시도해 볼 만한 가치가
있다고 확신하지 않는다. 나는 다음과 같은 지침들을 제시한다.

- 작게 시작하라. 즉, 학생들에게 짧은 시간 동안 짝활동을 하게 함으로써 시작하라. 활
  동의 이상적인 시간은 15~20분의 활동 안내 후 10분 정도이다. 학생들이 무엇을 말
  했는가에 대해 토의하게 하고, 새로운 주제에 대한 질문을 명확히 말하거나, 여러 가

지 방식으로 정보를 활용하게 한다. 이렇게 함으로써 사회적 기능을 향상시킬 뿐만 아니라 새로 배운 것을 견고하게 한다.

- 처음에는 학생들을 인원이 적은 소집단으로 구성하고 친숙한 학습 자료를 사용하라. 이전에 가르쳐 본 적이 없는 단원을 가지고 처음부터 집단활동을 하는 것은 좋지 않다.

- 어떠한 집단활동도 모두 의미 있음을 확신하라. 학생들은 지속적으로 바쁘게 협동하다 보면 이해하게 되고 잘 따라서 반응하게 될 것이다.

- 모든 활동의 시간을 계획하고 잘 지키도록 하라. 다만, 효과적으로 집단활동을 할 수 있는 충분한 시간을 허용해주어라. 만약 학생들에게 활동을 끝마치는 데 8분이 걸린다고 말하고 그들에게 15분을 제공한다면 다음번에는 제한시간을 과도하게 넘기지는 않게 된다.

- 학생들에게 왜 소집단활동을 하는지에 대해 진지하게 말하라. 학생들에게 그것은 세상을 살아가는 데 중요한 기술이며 무엇을 하든 성공적으로 하기를 원한다고 말하라. 모든 일을 혼자 하지 않고 다른 사람들과 함께할 수 있다는 것은 특권이라고 말하라. 협력할 때 시너지 효과가 있음을 말해주어라.

- 협동학습 기술을 익히는 교수법을 연구하는 단체에 가입하라. 집단을 만들고 학생들을 다루는 방법에 대해 많은 것을 배우게 될 것이다.

협동학습이 올바르게 활용될 때 27%의 효과를 가져온다. 집단 간에 서로를 공유하게 하여 협동학습 전략으로 집단적 통찰과 탐구를 하는 사례를 제시하고자 한다.

> 학생들은 교사가 제시한 학습문제나 현상에 대해 동료들과 함께 학습한다. 과학교사가 동네 샘물이 갑자기 오염이 되었는데 그 원인을 찾아보라고 학생들에게 이야기를 한다. 그리고 나서 학생들은 이 문제를 해결하기 위해 탐구활동을 한다. "동네 사람들은 놀랐을까?", "이런 일이 전에도 일어난 적이 있나?" 이런 질문을 하게 된다. 그 후 학생들은 오염의 원인이 무엇인지를 찾기 위한 계획을 함께 세운다. 학생들은 집단활동과 개별활동의 계획을 세워 역할을 수행한다. 예를 들어서 집단활동으로 정보를 수집하기 위하여 샘물을 찾아가거나 한두 명의 학생을 그리로 보낼 것이다. 어떤 학생은 동네 이웃들에게 인터뷰를 시도할 것이다. 교사와 학생들은 자료와 증거들을 검토하고 거기에 따라 계획을 정확하게 맞추어 세울 것이다.

이런 방법으로 활동에 참여하는 학생들은 탐색, 자료수집, 분석, 가설검증방법 등과 같은 높은 수준의 학업기술을 배우게 된다. 학생들은 서로 의사소통을 하기 때문에 다른 사람이 어떻게 생각하고, 결론을 이끌어내는 방법은 어떤 것이며, 정보를 공유하는 방법을 배운다. 의사소통은 가장 문화적인 세계에서 매우 수준 높은 소통능력이다. 탐구활동이 효과적으로 이루어질 때 학생들의 학습에 37%의 효과를 가져다줄 것이다(Tileton & Darling, 2008b).

학부모와의 의사소통

편지, 노트, 이메일, 전화, 학부모 회의, 단체 모임은 학부모들과 긍정적인 분위기를 유지하는 데 필수적이다. 우리의 재구조화한 학교에서는 '매우 중요한 학부모(VIP) 위원회'를 두었다. 이 위원회는 학부모들이 학교의 열린 정책을 만드는 데 돕고 학부모의 만남(개인과 단체)을 구성하는 데 촉매역할을 한다. 학부모들은 학교에서 환영을 받아야 하고 언제든지 교실을 방문할 수 있도록 해야 한다. 학부모들이 교실과 학교에 자주 방문하고 상주하게 될 때 흥미로운 일이 발생한다. 학교에서 싱계문제가 줄어들고 학교를 찾은 학부모들이 학교의 지지자가 되는 부가적인 이점도 생긴다. 우리의 재구조화한 학교에서는 학부모들을 제외시키고 학교 교육의 개선이나 개발을 위한 회의를 개최하지 않는다. 이렇게 짧은 시간 안에 경이적인 변화를 가져왔다고 확신한다. 학부모들 중에 누군가가 "나는 그들이 학교에서 무엇을 하고 있는지 모르겠어요."라고 불만을 말할 때는 언제든지 학교 모임에 참석하고 학교를 방문하고 교사들에게 조언해줄 수 있는 학부모의 도움이 필요하다. 순탄하지 않은 경제적 시기에는 우리가 정규수업시간 외에 학부모와 함께 의사소통하는 방법을 발견하는 것이 필수다. 오늘날 대부분의 학부모들은 직업활동을 하는데, 어떤 학부모는 하나의 직업이 끝나기 전에 다른 일을 하나 더 하기도 한다. 학부모가 학교에 오지 않는다고 해서 자기 자녀의 교육에 관심이 없다고 생각해서는 안 된다. 대부분의 학부모들은 자녀교육에 커다란 관심이 있지만 직장 때문에 혹은 학교에서 정한 시간에 올 수가 없어서 오지 못한다. 도심지역 학교에 근무하는 교사는 매우 가난한 지역 학부모들이더라도 요즘 대부분 컴퓨터를 활용하는 직장에 다니기 때문에 전자 메일로 정보를 보내달라는 학부모들을 많이 발견하게 된다.

교사와 다른 직원 간의 의사소통

교사들에게도 학생들과 마찬가지로 다른 사람들과 함께 일하는 기회가 필요하다. 만일 교실 밖 학교의 풍토가 부정적이라면 교실풍토를 긍정적으로 만들기 어렵다. 학교 관리자가 지원적이지 못하다면, 교사는 협력적인 환경을 만드는 데 어려움을 느낄 것이다. 교사들은 어려운 상황을 알고 있었지만 의사소통을 이루기 위하여 피곤하고 힘든 날들을 많이 보냈다.

우리의 재구조화한 학교에서 교사들은 매일 다양한 주제로 소집단 토론을 한다. 토론도 교사의 수업시수에 포함시킨다. 100명의 학생을 각 교사 팀들이 맡고 있다. 각 팀은 학생들 중에 누가 결석하는지, 누가 훈육상의 문제를 안고 있는지, 누가 실패의 위험에 처해 있는지를 살필 책임을 갖고 있다. 문제가 있는 학생은 교사 팀을 만나게 된다. 교사들 또한 한 주의 과제와 업무를 의논하고 상의한다.

어떤 날들은 숙제가 없고 다른 어떤 날들은 비현실적인 양의 과제로 인해 스트레스를 받아야 하는 이유에 대하여 학생들은 이해하기 어렵다. 의사소통은 이런 문제를 해결할 수 있다. 매일 만나는 교사들은 학생들에게 부과할 과제를 서로 간에 중복되거나 무리하지 않도록 충분히 논의를 한다. 이것 또한 통합학습을 위한 방법이다. 이것은 한 과목과 다른 과목을 통합하는 많은 자연스러운 방법이다. 통합은 자연스럽게 이루어지는 것이지 강제로 되지 않는다. 우리의 재구조화한 학교에서는 보다 많이 통합될수록 더욱더 개혁되고 발전된 모습을 보였다. 결과적으로 수학, 과학, 영어, 그리고 사회 과목은 자연스럽게 통합되었다.

교사들은 중재에 대한 반응의 중요성을 인시하고 특수교육에 학생들을 잘못 배정하거나 중재하기 전에 실패하는 학생들이 없도록 일찍이 실패를 예방하기 위한 실행계획을 세우기 위해 과거에 비해 훨씬 더 활발하게 의사소통을 해야만 한다. 원활한 의사소통만이 훌륭한 교육활동을 만들어낼 수가 있다.

성공의 판단

그림 6.1는 교실에서 구성원들 간에 복합적인 의사소통이 잘 일어나고 있는지를 알 수 있는 지표들이다.

평가도구	성공의 지표
관찰	상호작용은 경험, 사실, 정의, 절차들을 단지 보고하는 것이 아니라 분별력, 아이디어의 적용력, 일반화, 문제제기 등과 같은 고차적 사고력을 포함하고 있다.
관찰	교사는 살아 있는 교과서로서가 아니라 학습의 촉매자로서의 역할을 한다.
학습계획과 관찰	학생들에게는 개념 형성, 토론, 좋은 결과물 형성 등 학습을 위해 함께 작업을 할 수 있는 수많은 기회가 제공된다.
관찰	교사와 학생이 언어적 및 비언어적 의사소통을 할 때 상호존중을 한다.
관찰, 학생 결과물	학생들은 정보를 수동적으로 받아들이는 것이 아니라 정보에 능동적으로 관여한다.
관찰, 학생평가	학생들이 사회적 기능을 완전히 습득할 것이라는 기대가 있다.
프로젝트와 과제	효과적인 협동이 분명히 이루어졌다.
분위기 조사	교사와 행정가가 적극적이고 계속적으로 의사소통을 하고 있다.
학부모 조사	학부모들은 교육적 과정의 한 부분임을 느끼고 있다. 학부모들에게 교실을 방문하고 교사와 교직원과의 의사소통을 허용하는 개방정책이 존재한다.

그림 6.1 》 교실에서 협동이 학습의 통합적인 부분임을 나타내 주는 지표

결론

다양한 의사소통이 교실에 존재하게 됨에 따라 구성원들 간의 상호작용은 더욱 활발해질 질 것이다. 학생들은 교사와 다른 학생들과 역동적으로 의논하게 될 것이다. Newman과 Wehlage(1993)는 "상호작용은 학생들에게 사고를 하게 해주고, 개념을 만들고, 질문을 하게 하고, 사실이나 정의 또는 절차를 단순히 설명하는 데 그치지 않고 고차적 사고를 잘할 수 있도록 한다."고 주장한다. 부가해서 의사소통이 다양한 방향으로 소통되는 학급에서는 교사는 살아 있는 교과서가 아니라 모범으로 행동한다. 게다가 다양한 의사소통이 되는 교실에서는 교사는 인간 교과서가 아닌 학습의 촉매가 될 것이다. 노동부 장관 산하의 필수기능성취위원회(SCANS)가 펴낸 보고서(미국 노동부, 1991)에서는 교실에서 중요한 과목으로 여겨지고 있는 수학과 읽기 과목에서 협동기술을 향상시키기를 기대하고 있다. 왜냐하면, 협동기술은 단지 구직 시장을 위한 기술일 뿐만 아니라 삶을 위한 기술이기 때문이다. 프로젝트와 과제는 효과적인 협동이 이루어지도록 명확하게 제시되어야 한다.

교사와 학교 행정가는 교육이 이루어지는 과정의 통합적 부분으로 학부모와 능동적이고 지속적으로 의사소통을 해야 한다. 다양하게 의사소통이 이루어지는 학교에서는 어느 날이든 항상 문호가 열려 있다. 학교의 개방정책은 학부모들의 교실 방문을 허락하기 때문에 교사와 직원과의 의사소통이 허용되어 있고, 이는 언제나 필요한 것이다.

제 7 장

모든 학습자 간의 격차 줄이기

문화는 공동유산이나 신념, 규범, 가치체계라고 광범위하게 정의된디. 문화는 집단 구성원들이 공유하거나 광범위하게 학습된 태도나 신념과 관련이 있다.

―미국 보건사회복지부(2001)

모든 학생이 학교에서 발판(scaffolding), 즉 성공적인 학습지원을 받고 있다는 착각을 버릴 때가 왔다. 학생들은 교사들에게 성공적인 지원을 받지 못한다. 교사들은 단지 학생들의 성공에 관한 자료를 보기만 하면 되고, 가난한 학생들에게 다가가는 비법을 아직 찾지 못했다는 이유로 그냥 염두에 두고 있기만 하면 된다고 생각한다. 예를 들어, 그림 7.1을 보면 특수교육 대상자 중 빈곤과 소수집단에 있는 학생수가 연도별로 증가 추세를 보이고 있다. 국가는 취학생 비율이 감소함에도 특수교육 대상자의 숫자는 늘어난다는 점을 주목하라. 오늘날의 학교가 '오늘날의 학생들을 가르치기보다는 과거의 지배문화'를 계속 가르쳐도 되는가? 이러한 사실에 대하여 논의하고 있는 많은 기사와 책이 있기 때문에 나는 여기서 이미 우리가 알고 있는 것에 대해 다시 논쟁하면서 시간을 낭비하고 싶지 않다. 대신에 이용 가능한 자료와 학술적 연구물들에 근거하여 다음과 같은 주장을 하고 싶다.

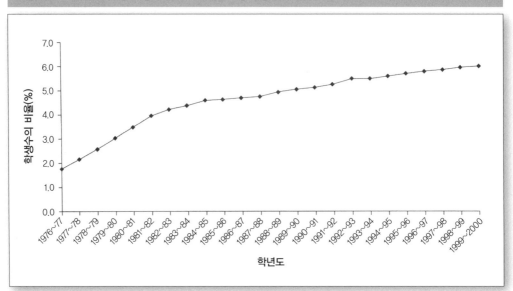

그림 7.1 ≫ 특수교육 대상자 중 빈곤과 소수집단가정 아동수의 변화

가난한 아이들에게 최상의 교사를 제공해야만 한다

학생들에게는 유능한 교사가 필요하며 그것이 학생들의 인생에서 성공의 중요한 열쇠가 된다고 오래전부터 역설하였다. 그러나 가난한 가정 학생들이 다니는 학교의 재정격차에 관한 Arroyo의 논문에서처럼 많은 주에서 가난한 가정의 학생들에게 질 높은 교육의 기회를 제공하지 못하고 있다. "'평등한 기회'나 '수준에 맞는 교육의 장'과 같은 선진화된 개념의 국가적 정책 홍보가 넘쳐남에도 불구하고 영어를 비영어권 저소득층의 소수집단 학생들에게 유리한 다수집단의 동료들을 따라 잡기에 필요한 별도의 교육지원이 이루어지지 않고 있다."(Arroyo, 2008, p.1).

Arroyo(2008)는 각 주의 1999~2005년 소비 형태를 연구하였는데, 가난한 가정 학생수가 가장 많은 학교와 가장 적은 학교 간에 소비격차를 조사하였다. 이 연구에서는 영어권 학생과 비영어권 학생 사이의 소비격차를 살펴본 결과 대부분의 경우 가난하지 않은 지역, 영어권 학생들이 더 많은 소비를 하는 것으로 나타났다. 이것은 실제로 가장 큰 도움이 필요한 비영어권 학생들에게 재정적 지원이 이루어지지 않았음을 의미한다.

다음의 표는 매우 가난한 지역과 가난하지 않은 지역 그리고 더 가난한 지역의 2004~2005년 주와 지방의 재정자료이다.

이 자료에 의하면 49개 중 18개 주에서만 교육재정이 더 필요한 가난한 지역 학생들에

준거	주의 수
매우 가난한 지역의 학생 1인당 교육비 지출이 높은 곳	18
매우 가난한 지역의 학생 1인당 교육비 지출이 비슷한 곳	15
매우 가난한 지역의 학생 1인당 교육비 지출이 낮은 곳	16

게 더 지출되었으며, 31개 주에서는 그러지 못하였음을 알 수 있다. 또한 같은 연구에서 가난하고 열등한 지역의 취학 전 프로그램이 빈약하고, 건강이 매우 취약한 취약지역 학생들에게 투자하는 교육비가 높은 주는 49개 중 14개 주뿐이었다.

Arroyo(2008)의 연구에 의하면, 텍사스주의 교사의 질이 불균등한 형태를 나타내고 있다. 이 보고서에는 텍사스주의 경우를 살펴보았지만 다른 주의 경우도 이와 흡사함을 지적하고 있다. 스페인계, 아프리카계 미국인, 저소득층들이 사는 교육구와 텍사스 지역 50개의 커다란 교육구에서 공정한 교육지원이 이루어지지 않고 있다. 보고서에서는 다음과 같은 결과를 보여주고 있다.

- 이 지역에는 충분히 숙련된 교사들의 배치가 적게 이루어지고 있다.
- 이 지역 학생들에게는 경험이 풍부한 교사의 담임이 적은 것 같다.
- 이 지역은 교사의 힘이 안정된 학교가 적은 것 같다.
- 경제적 소득이 낮은 지역 학교에 근무하는 교사의 평균 보수 수준이 낮다.

나는 "만약 여러분이 교사로서 학교에서 실패한다면, 여러분에게 주어지는 형벌은 가난한 학교로 전근 보내지는 것이다."라는 불문율을 가졌던 대도시 학구에서 근무한 적이 있다. 나는 전국의 얼마나 많은 학교가 그 같은 규칙을 고수하는지 궁금하게 생각한다. 우리는 그러한 생각을 전환할 필요가 있다. 교사가 노력하여 다양한 배경의 아이들이 성공할 수 있도록 도울 수 있다는 것을 보람과 보상으로 생각하라. 즉, 교사들에게 다양한 학생들을 상대하면서 가르치는 일에 탁월한 연수를 시키라는 것이다. 학생들에게 최고의 학교와 우수한 시설, 기술, 물질을 제공하라. 무언가가 잘되지 않을 때는 지원 시스템을 제공하라. 어떤 어려움도 이길 수 있는 탁월한 학습지원을 생각하라. 우리는 교사들에게 이런 학습지원에 성공할 수 있는 기회를 만들어 주어야 한다.

학생들의 실패가 그들의 선택이 아니고 어쩔 수 없는 상황임을 교사는 알아야 한다. 충분한 재정지원이나 교원연수 없이는 생산적인 결과를 가져올 수 없다. 2004년 IDEA(장애아 교육법)와 '낙오자 없는 교육'은 교사들에게 연구에 기초하여 좋은 수업을 하도록 요구하지만, 그 좋은 수업이 무엇인지를 말하지도 않고, 학생에게 도움이 되도록 전문적인 수업전개도 하지 않는다. '낙오자 없는 교육법(2002)'은 "모든 학생의 학업성취를 증진시키는 방향으로 학교와 지방 교육청, 그리고 주정부가 견지하도록" 하는 목표를 정하도록 하였다. 그리고 "학교지원에서의 개혁을 유발하고, 모든 학생에게 효과가 극대화되도록 하며, 과학적인 교수전략을 세우도록" 하였다[PL 107-110 & 1001(4)와 (9)]. 2005년 IDEA의 목표는 "특수 아동들에게 과학적인 교수방법을 사용하여 가능한 한 최대로 그들의 잠재능력까지 학업성취를 끌어올리고, 학습의 기능을 형성하게 하는 것이다[20U.S.C 1400ⓒ(5)(E)]. 효과적이라고 인정된 수업방법을 활용하라고 이렇게까지 강조한 적이 없다. 학업성취 결과는 별로 높지 않지만 학생들이 교실에서 보다 효율적으로 학습하는 경험과 지식을 교사들이 약간의 안내를 해주었다. 이를 법규와 관련하여 자기효능감의 결여로 인해 많은 교사가 불만을 가졌음에 의심할 여지가 없다.

모든 학생에게 양질의 도전적인 교육과정을 제공해야만 한다

모든 학생에게 질 높은 교육이 필요하다. 글로벌 시장에서 경쟁을 해야 할 시대에 사는 학생들에게는 더욱 그러하다. "가난한 가정의 많은 학생이 교실에서 성공하는 데 필요한 기술을 갖추지 못하고 학교에 온다."고 말할 수 있다. "가난한 가정의 아동들은 보통 부유한 가정의 학생들보다 취학 전 프로그램에서 낮은 질의 교육을 제공받게 되고 동등한 수준의 경험을 가지고 입학하지 않는다." 그들은 친구들과 이야기할 어휘능력이 부족하고, 읽기 능력의 준비가 부족한데, 이것이 불리한 환경에 노출된 것이라기보다는 생물학적 이유에서 연유한 것이라고 생각하는 교사들에 의하여 특수교육 프로그램을 교육받게 된다. 교사의 지원과 개입이 그러한 과정을 변화시키려는 시도라는 것을 잘못 알고 학생들이 프로그램에 잘못 들어가서 보충교육을 받는 게 시간이 많이 걸린다.

교육자들은 지난 10년 동안 자신들이나 아이들이 교사들에 관해 좋게 느낀다면 모든 것이 잘된 것이라는 억측을 만들어냈다. 교사들은 인종, 종교, 민족과 가난 수준에 관계없이 높은 수준의 목적을 달성할 것이라고 믿어왔다. 많은 교육자가 믿고 있는, 그 지점에 도착하는 방법(높은 수준의 목적을 달성

> 학생들이 자기 자신에 대해서 보다 좋게 느끼도록 만드는 자료를 전혀 제공하지 못했다.

할 수 있는 방법)은 학생들이 성공을 위한 기회를 증진시킬 수 있는 교육과정을 제공해주
는 것이다. 교실과 학습 주제와 교사에 대한 학생들의 흥미와 기분이 중요하다고 말은 하
지만, 그들의 더 좋은 흥미와 기분을 위하여 교사들은 그 어떤 것도 제공해주지 않았다.
오히려 그 반대였다.

우리는 학습하기에 좋은 양질의 환경을 만들어 줘야 하며, 이러한 목적을 달성하는 기
본적인 방법 중에 하나는 모든 학생에게 광범위하게 정의하여 문해능력을 길러주는 것이
다. 나의 동료인 Sandra Darling과 내가 공동으로 저술한 빈곤과 문화 격차의 해소(*Closing
the Poverty and Culture Gap*)는 책에서 이 시대의 문해능력을 증진시키는 네 가지 주요 방
법을 함께 제시하였다.

1. **학문적 문해능력.** 교사들은 학생들이 학문적 능력이 매우 뒤처져 있으며 그 능력을 교
   사가 제공하기 힘들다고 계속하여 말할 것이다. 만일 교사가 학생들에게 학습지원을
   할 때 창의적으로 하고 학습에 민감하게 반응하도록 해준다면 학문적인 격차에도 불
   구하고 모든 학생에게 학문적 문해능력을 제공할 수 있다. 적어도 교사는 다음과 같
   은 훈련을 받아야 한다. (1) 뇌기반 교수전략의 활용, (2) 교육과정과 수업의 실제에
   서 문화를 반영하기, (3) 연구에 기반을 둔 교수방법을 알고 효과적으로 사용하기,
   (4) 교수-학습 경험의 통합적인 부분으로 교수공학을 도입할 것, (5) 평가에 대한 생
   각을 다시 할 것, (6) 고차적 사고와 창의적 사고를 진작시킬 것, (7) 협동학습을 효과
   적으로 활용할 것, (8) 실생활 적용의 학습이 되도록 할 것, (9) 21세기 문해능력기술
   을 발전시킬 것, (10) 매일 목표를 설정할 것(Tileston & Darling, 2009, p. 77).

2. **문화 문해능력.** 문화적 반응이 있는 교실에서는 학습활동, 교재, 교육과정, 학습의 수
   행에 문화와 학생문화가 반영되도록 한다. 교사는 학생들에게 새로운 정보와 기술을
   소개하기 전에 그 배경지식에 대하여 알도록 권장한다. 교사는 교실에서 모든 문화
   가 존중되기를 기대하며, 그들의 편견이나 가치를 연구하는 방향으로 인도해서 모든
   학생이 동등하게 교육받도록 한다.

3. **사회적 능력.** 사회적 능력을 가치있게 여기는 교실에서는 교사들이 교실에서의 다양
   한 가치체계를 이해하고 그 가치체계를 매일 활용하며 수업전략에 활용한다.

4. **정서적 능력.** 정서적으로 능력이 있다는 것은 자신의 정서행동과 다른 사람에 대한 반
   응행동을 스스로 통제할 수 있음을 의미한다. 또한 반곤층 가정의 학생들에게 관심

과 지원적인 관계를 제공하고, 무시하지 않고 높이 기대하고 학습에 능동적으로 참여하며 성공에 이르도록 기회를 제공한다(Tileston & Darling, 2009, p. 78).

학생들의 문화를 이해해야만 한다

Bonnie Benard(2003)는 다양한 교실에서 학생들의 사회적 역량을 다음과 같이 정의한다. "사회적 역량은 관계 맺는 능력으로 이루어진다. 사회적 역량은 자발성을 가지고 다른 사람에게 긍정적 반응을 이끌어내는 능력인데, 기본문화와 지배문화 사이에서 앞뒤로 움직이는 능력인 융통성(문화 횡단 역량), 감정이입, 배려, 의사소통기술, 유머감각을 말한다."(p.19)

가난한 아이들은 종종 중류계층이나 교실과 학습에 대한 준비가 풍부한 상류계층의 아이들과 함께 공립학교에 들어간다. 바꾸어 말하면, 대다수 학생들에게 있어 공립학교는 격차가 존재하는 곳이다. 그렇다고 이 학생들이 배울 수 없거나 배우지 않게 된다는 것이 아니다. 그들은 종종 배울 기회에서 차별을 받는다. 나는 단지 색깔, 문자, 세는 것에 대해 말하는 것이 아니라 목표를 설정하고, 문제를 해결하는 방법, 중류층의 분위기 속에서 지내는 방법을 이해하는 것에 대해 말하는 것이다. 공교육은 중산층의 가치, 태도, 규칙을 바탕으로 이루어진다. 미국의 모든 어린이가 풍부한 경험을 할 수 있도록 하는 유년기 프로그램을 조사하고 제공하기 전까지는 이러한 격차는 항상 이 초기단계에서부터 시작될 것이다.

학생들 사이를 이어주기 위하여 설명해야 할 몇 가지 요인이 있다. 첫째는, 고립시키는 행동을 하지 말아야 한다. 나는 교실에서 소수집단 아동들이나 모국어가 다른 아이들이 교실 뒤편에 자리를 잡고, 다른 아이들과 고립되는 경우를 많이 보았다. 고립아동의 책상을 교실 앞쪽으로 이동하고, 다른 아이들과 어울리게 하라. 고립아동들은 상호작용과 세심한 돌봄이 필요하다.

우리는 인종이나 민족과 같은 특성에 기초해서 사회집단을 분류하는 경향이 있다(LAB at Brown University, 2001). 우리가 어떤 인종은 다른 인종에 비해 우월하다고 가정할 때가 바로 그런 경우이다. 우리는 이것을 인종주의라고 부른다. 다른 인종의 아이들이 교실에서 수업의 격차를 보이는 것은 교사의 기대에 부응하지 못하는 교육경험 때문이라고 가정한다. 학교에서는 가끔 이런 아이들을 지배문화에 종속시켜야 하는 아이로 취급한다. Clauss-Ehlers에 의하면 "민족성은 한 세대에서 다른 세대로 전달되는 역사, 언어, 의식을 포함한 문화적 유산이다."(2006, p. 50) 민족성은 국가적 혹은 종교적 정체성을 공유함을 의미한다. 학생들이 부여받은 이러한 문화유산은 교실에서 인정될 필요가 있다.

첫째, 교사들은 학생들에 대한 그들의 신념체제를 먼저 살펴볼 필요가 있다. 학생들을 외모에 따라 판단하지 않는가? 교사들은 교육과정에 다양한 인종과 인종적 배경이 반영되어야 함을 알아야 한다. 나는 가끔 학생들을 Gardner의 다중지능(1993)에 기초하여 평가한다. 우리는 모두 약점과 강점을 가지고 있다. 학생들이 타고난 재능영역을 발견할 수 있도록 도와주어야 한다. 학생들은 두세 영역에 강한 재능을 가지는 경향이 있다. 이렇게 해서 "네가 타고난 재능은 무엇인가?"를 먼저 질문하여 부족한 부분을 메워준다.

둘째, 관계를 형성해야 한다. 가난한 학생들로 하여금 학습하도록 하기 위해서는 중요한 관계 형성이 이루어져야 한다. 가난에서 벗어나 성공한 사람들을 인터뷰했을 때, 모두가 그들에게 중요한 차별이 있었음을 언급하였다. 그들에게는 관계 형성이 이루어져야 할 뿐만 아니라 학업 과제도 관계의 션시에서 언급될 필요가 있다.

셋째, 우리는 학생들이 들어갈 세계에서 성공하는 데 필요한 사회적 기능을 가르쳐야만 한다. 서로 다른 사회 문화에 내재한 규칙이 학습될 때 학생들은 긴장된 상황에서 상이하게 반응하는 경향이 있다. 세대에 걸친 빈곤층 가정 출신의 아이들은 학습에 어려움이 있을 때 즐겁게 가르쳐주면 두려움을 나타내지 않는다. 하지만 학생들이 즐겁게 학습을 받도록 하려면 교사에게는 더 많은 노력이 필요로 한다. 학교는 행동과 생각의 변화를 통하여 중류계층의 규칙 습득을 요구하는 경향이 있다. 나는 교사들이 중류계층의 기준을 아무 생각 없이 수용하는 것을 옹호하지는 않지만 기대하는 행동을 학생들에게 교육할 필요가 있다고 믿는다. 교사들은 때때로 두 가지 문화 상황—하나는 학교 안 문화 상황이고 다른 하나는 학교 밖 문화 상황—을 고려하여 학생을 가르쳐야 한다. 예를 들면, 미국 원주민들은 그들이 다른 사람의 눈에 띌 경우 힘들어한다. 미국 원주민 출신의 교사는 나에게 "자기네 아이들 중 이런 학생은 대학에 들어가서 첫 주에 다른 학생들이 쳐다볼 때 힘들어한다."고 하였다. 학생들에게 지배문화를 알도록 도와주는 것은 가끔은 학생들이 실패하지 않도록 하는 방법이기도 한다. 동시에 우리는 그들의 문화를 존중하고 그들의 문화를 인정하여 동등한 인간관계가 되기를 바란다.

넷째, 특정 학생들이 지적 능력에서 차별당하지 않게 하기 위하여 국가나 시도 수준의 표준화된 시험은 폐지되어야 한다. 전체가 높은 점수를 얻고 혼자 낮은 점수를 얻었을 때 종종 소수집단이 소외될 수 있다. 우리는 모든 구성원이 성공할 때까지 지원과 노력을 아끼지 말아야 할 것이다. 교사의 중재지원과 같은 프로그램은 불만이 있는 학생이 정체성을 찾는 데 도움이 된다. 우리는 교사로서 학생들에게 교실에서 필요한 중재지원을 하는 데 실패해서는 안 됨을 명심해야 한다. 학생들을 소집단 안에서 같은 종류의 기능 격차에 따라 배치하게 하여 학습에서 그 격차를 중심으로 학생들이 부가적인 교육을 받을 수 있도록 할 수 있다.

다섯째, 학생들에게 인지구조가 아직 형성되지 않았다면 교사는 그들에게 시간을 더 제공해야 한다. 나는 이미 뇌 결합 형성의 중요성에 대해 논의한 바 있다(제3장 참조). 우리는 새로운 지식을 학습하는 데 적합한 인지구조를 모든 학생이 가지고 있다고 추정할 수 없다. 우리는 학생들에게 격차가 해소되도록 발판(학습지원)을 제공해줌으로써 도움을 줄 수 있다. 교사가 시각적 모델을 사용하는 것은 이러한 도움을 주기 위한 하나의 중요한 방법이다. 예를 들면, 수학의 원리를 그냥 가르치는 것이 아니라 학생들에게 수학이 어떻게 작동되는지 시각적으로 보여준다. 가난한 가정의 학생과 영어를 모국어로 배워야 하는 학생들은 그냥 자리에 앉아서 듣는 것보다 시각적으로 보고 행동으로 행하는 학습을 통하여 더 잘 학습하게 된다. 예를 들면, Lynette Long(2006)의 쉬운 기하학(*Painless Algebra*)이라는 훌륭한 책에서 수학을 영어로 설명하였다. 생각해 보라. 수학은 고유의 언어를 가지고 있다. 학생들은 그 언어를 이해하거나 알지 못하기 때문에 어려움을 느낀다. 고부담 시험에서 사용되는 전형적인 질문은 학생들에게 제시된 답지들을 보고 소수(prime number)인 답지를 선택하라고 질문을 한다. 이 문제의 정답을 맞히려면 '소수'가 무엇인지 그 의미를 알아야 한다. Long의 책에서 내가 좋아하는 문구 중의 하나는 "학생들에게 수학의 언어를 이해하도록 도와줄 뿐만 아니라 무엇을 해야 하고 무엇을 하지 말아야 하는지를 알 수 있도록 그들이 자주 실수하는 문제를 다루어 주어야 한다."는 것이다. 예를 들면, 덧셈을 가르치고 나서 수의 순서는 더하기에서 문제가 되지 않으며, 뺄셈에서는 그렇지 않다고 한다. Long은 "3+5의 덧셈에서 5+3과 같은 답을 얻는다."고 먼저 이야기한다. 그러고 나서 "주의하세요. 많은 실수를 합니다. 뺄셈은 그렇지 않습니다. 곱셈에서의 수의 순서는 다릅니다. 6-3은 3-6과 다릅니다. 5-0도 0-5와는 다릅니다."(p. 24)

자기효능감을 형성하는 방법을 찾아야만 한다

학교에서 모든 학생에게 성공적으로 발판(학습지원)이 제공되지는 않는다. 학생들은 사실적인 정보를 장기기억 저장고에 넣을 수 있는 언어획득기술을 모두가 완벽하게 가지고 있는 것이 아니다. (의미적 기억체계는 단어에 의존한다. 만일 학생이 단어를 모르고 이해하지 못한다면 그 학생은 정보를 저장하지 못하고 저장하더라도 검색을 할 수 없을 것이다.) 학생들은 공립학교에서 통용되는 중산층에 대한 규칙을 모르고 있을지도 모른다. 그들은 목표를 어떻게 설정해야 하는지, 또는 목표가 잘 이루어지지 않을 때 무엇을 해야 하는지를 모를 수도 있다. 어떻게 계획하고 맞춰 나가는지를 모르는 학생들은 학습과정에서 문제에 직면하게 될 것이다. 그렇기 때문에 우리는 프로젝트나 작업을 시작했으나 끝내지 못하는 학생을 도와주어야 한다.

우리는 학생들이 성공적으로 학습하는 데 필요한 기술을 학생에게 직접 가르쳐야 한다. 자기효능감은 자신이 과거에 성공을 맛보았기 때문에 내가 무엇인가 할 수 있다는 믿음이다. 자기효능감은 자신이 성공하기 위해 필요한 정보 자원과 다른 사람의 지원이 있다고 믿는 것이다. 우리가 학생들에게 능력 이상의 기대를 하지 않을 때, 우리가 가르치지 않았거나 잘 가르치지 않은 내용을 평가할 때, 또는 우리가 과제를 수행하는 데 필요한 기술을 직접적으로 가르치지 않을 때, 우리는 교실에서 학생들의 자기효능감을 제한하는 결과를 가져오게 된다. 학생 각자에게 맞는 학습 목표를 제공하라. 그들 각자의 학습에 필요한 개별 목표를 세우도록 하라. 그들에게 성공하기 위해 무엇을 해야 하는지를 알 수 있는 모델을 제시해 주어라. 그리고 교사로서 무엇을 어떻게 도와줄 것인지를 연구하라. 그래야만 학생들을 성공적으로 도와줄 수 있을 것이다. 가난한 가정의 학생들은 가끔 그들은 낮은 통제력을 가지고 있다고 믿으며, 그들에게 행운이 없거나 자신이 통제할 수 없는 힘 때문에 나쁜 일이 일어난다고 믿는다. 나는 어린 시절에 가난해서 아버지로부터 어떤 일이 안 풀리고 잘못되었을 때 "그건 운이 나빠서 그래."라는 이야기를 종종 들었다. 우리는 학생들에게 우리에게 일어나는 대부분의 일들은 운이 나빠서가 아니라 어떤 원인과 결과로 인하여 일어나는 것이라고 바로 가르쳐야 한다.

편견을 과감히 없애야만 한다

나의 저서 모든 교사가 다양한 학습자에 대해 알아야 할 것(*What Every Teacher Should Know*

About Diverse Learners, Tileston, 2010)에서 나는 Gibbs(1994)가 제시한 편견의 유형에 대하여 언급하였다. 이 책에서는 편견의 종류와 의미에 대하여 다음과 같이 간단히 설명하고 있다.

- 언어적 편견. 언어적 편견은 인간을 무시하거나 어떤 집단의 존재를 부정하는 언어를 말한다. 이것은 학생의 이름을 비웃거나 또는 소수집단의 공헌을 인정하지 않고 폄하하는 것을 일컫는다. 영어 교사들은 나에게 학생들은 보통 그들이 기꺼이 알고 싶어 하는 것보다 더 잘 영어 단어를 말한다고 하였다. 학생들은 교실에서 발음과 액센트 때문에 놀림을 받을까 봐 두려워서 말을 하지 않거나 크게 읽지를 않는다.

- 고정관념. 고정관념은 집단의 모든 구성원에게 하나의 주어진 기준을 가지고 판정할 때 발생하는 편견의 형태이다. 직업에서 여성들을 제한하거나 능력이 떨어지는 학생들을 도와주지 않는 것이 여기에 속한다. 교실에서 이러한 편견을 제거하기 위하여 활용되는 도서, 자료, 영상매체들이 개발되어 있다. 어떤 한 인종 안에도 많은 문화가 존재하며 여러 인종을 가로지르는 공통의 문화가 존재한다. 멕시코에서 태어난 스페인계, 라틴계 학생들은 쿠바나 남아메리카에서 태어난 스페인계 학생들과는 다른 문화가치와 신념을 지닌다. 예를 들면, 텍사스 경계지역에 사는 스페인계 학생들은 아이오와에 살거나 1년에 한 번 정도 멕시코를 방문하는 학생들과는 문화적으로 매우 다르다.

- 배제하기. 배제하기는 집단으로부터 구성원으로서 부여된 권리나 대표성을 상실당하는 것이다. 인종, 민족, 종교, 또는 성에 따라 모집단에서 제외당하는 것이다. 이전 교육에서 다른 양식을 배운 학생, 또는 필요한 선수학습을 미리 배우지 못하고 학교에 온 학생은 이들을 위한 보충교육 프로그램에서 배제된 것이다. 교사의 중재지원과 관련하여 중앙정부에서 수집한 연구 자료에서는 교실에서 지배집단과 다른 학생들에게도 계속 이렇게 하고 있음을 보여준다. 특수교육을 받는 가난한 소수민 집단의 학생들의 수가 급격히 늘어나고 있다. 그 비율이 생각하는 정상 비율보다 훨씬 초과한다. 이들은 수업의 피해자이다. 왜냐하면 그들에게 문제가 있는 것이 아니라 그들을 적절하게 지원해줄 방법을 잘 모르는 제도에 문제가 있기 때문이다.

- 비현실성. 비현실성은 집단, 사건 또는 기사에 관한 잘못된 정보이다. 예를 들어, 교실에서 그들의 형제자매가 어떻게 했는가처럼 선입관에 기초하여 학생들에 대한 기대

를 낮출 때 우리는 비현실성을 자행하게 된다.

- **선택.** 선택은 어떤 문제, 상황 또는 조건에 대해 단 한 가지의 해석이다. 학생의 문화적인 배경을 이해하거나 고려하지 않은 채 모든 학생이 중산층의 가치관과 이해력을 가지고 있다고 추측할 경우, 이는 선택의 오류를 범하는 것이다.

- **분리.** 분리는 집단을 서로 다르게 구분짓는 것이다. 분리는 성, 또는 인종에 기초하여 집단을 구분지을 때 남녀분리, 인종분리가 일어난다.

소외된 학생들을 지원해주기 위해 지역사회의 지도자들과 함께 일해야만 한다

빈곤은 부(富)의 결핍에서 오는 것이 아니라 충분하지 못한 교육, 즉 교육서비스의 결핍에서 오는 것이다. Tileston(2004a)은 다음과 같이 말하고 있다.

> 빈곤 문제에 대한 해결책을 학교에만 한정지어서는 안 된다. 학부모와 학교가 함께 손을 잡고 일하는 국가적·지역적 단체들과의 끊임없는 노력이 있어야만 한다. 가난한 학생들이 경쟁할 수 있기 위해서는 이러한 단체가 질 높은 건강상태, 영양상태 그리고 학생들이 빈곤으로부터 벗어나는 데 필수적으로 필요한 다른 많은 공급 자원들을 제공해주어야 한다.(p. 62)

Wang과 Kovach(1996)는 이에 대해 다음과 같은 말로 동의하고 있다. "가난한 아이들 문제의 해결책이 단지 학교에 있다고 초점을 맞춘 편협한 계획이나 공약으로는 소외된 학생들에게 성공을 보장하는 과제를 해결하지 못할 것이며 지금과 같은 상황에서 벗어나지 못할 것이다."

상당히 오랫동안, 교육자들은 학교 모임에 잘 오지 않거나 학부모의 역할에 참여하지 않는 학부모는 자녀에 대해 관심이 없는 거라고 종종 잘못 생각을 해왔다. 대부분의 학부모들은 자녀의 교육에 상당히 관심이 많다. 가난한 가정 아이의 학부모들은 직장 근무시간이 길고 연장 근무로 인해 시간이 잘 맞지 않아서, 학교 모임이나 학부모 역할에 참여하기 힘들다. 더구나 경제 형편이 나쁜 학부모들은 근로를 많이 해야 하며, 가정의 재정적 책무를 다하기 위해 부업까지 한다. 사회적으로 불안정한 상태의 지역에 있는 학부모나 지위가 위협받는 지역의 학부모들은 자신감이 없고 자녀나 자신에게 무슨 일이 일어날

까 봐 걱정스러워서 학교에 가는 것을 두려워한다. 학부모들은 소통하기 위한 웹사이트, 편지, 그리고 정보를 가능한 한 그들이 사용하는 언어로 표현하는 새로운 의사소통 대안을 찾아야 한다. 학교에서 새로운 주제나 단원을 시작할 때 학부모들이 가정에서 어떻게 학습에 강화를 줄 수 있는지 그 방법에 대해 말해주어야 한다. 학부모들이 가정에서 자녀들의 학습을 강화하는 데 도움이 되는 '학부모 아이디어'라는 뉴스레터를 시작해도 좋다.

교사는 학부모의 지원을 얻어 가르칠 수 있도록 지역사회의 강력한 지지를 필요로 한다. 지역사회의 지도자들과 함께 시작하라. 아무리 열악한 지역사회라 하더라도 지도자는 있다. 학급과 학교의 목표를 달성하는 데 도움을 줄 수 있는 학부모회를 조직하라. 우리가 재구조화한 학교에는 학교 공개, 학부모 회의, 학교의 역할 등을 주재하는 매우 중요한 학부모(VIP)라고 하는 위원회를 가지고 있다. 이 위원회는 교사의 해임에도 어느 정도 관여하고 있고, 학교 직원들이 최선을 다해 노력하지 않을 때 학부모들을 학교로 모이게 할 수도 있다.

학생들에게 필요한 의학적·사회적 서비스를 찾고 이용하려는 학생들을 도와주어라. 이러한 학생들에게 필요한 많은 서비스를 제공하는 후원단체들과 손을 잡고 조력자가 되어주어라.

사고방식을 전환해야만 한다

이 시대는 교육이 성공의 열쇠를 쥐고 있는 시대이다. 이런 생각은 종 모양의 분포곡선(정상분포곡선)에 기반을 두고 있다. 누군가는 성공하고 누군가는 실패하고 대부분은 중간쯤 어딘가에 있을 것이다. Benjamin Bloom처럼 교사가 아이들에게 더 많은 시간과 더 많은 발판(학습자원)을 제공해준다면 더 많은 아이들이 학업에서 성공할 수 있다는 것을 차후에 깨닫게 될 것이다. "모든 아이들은 배울 수 있다."라는 격언이 있다. 오늘날 우리는 아이들은 배울 수 있을 뿐만 아니라 꼭 배워야만 한다는 것을 알고 있다. 요즘 세대는 읽을 수 없고, 계산을 할 수 없고, 자신의 생각을 다른 사람에게 똑똑히 말할 수 없어서는 안 된다.

교육에 있어서 어떤 변화를 일으키지 않고서는 가난의 원천은 변하지 않을 것이다. 가난한 아동을 위해서 질 높은 취학 전 프로그램을 당장 시작해야 한다. 그리고 나서 아이들이 시작 단계부터 학교에 성공적으로 적용하기 위한 발판(학습지원)을 교사들이 제공하기 위해 많은 시간을 할애해야 한다. 그러한 발판(학습지원)이 있는 동안 문자와 소리에 대한 지식을 갖게 되고, 숫자에 대해 친밀해지고, 책 읽기를 좋아하게 된다. 이것들은 학습의 기반이 된다. 학생들에게 학습계획을 어떻게 세우는지, 혼잣말을 어떻게 사용하는지, 계획대로 진행이 잘 되지 않을 때 어떻게 해야 하는지도 가르쳐야 한다. 학교생활에 숨겨진 규칙들도 가르쳐야 한다. 교사는 그들에게 교실에서 사용하는 어휘를 직접 알려줘야 하며, 그들의 약점이나 강점을 평가하는 적절한 방법을 찾아야 한다. 가난한 가정의 아동을 '자리고정'이 필요한 아동이라고 보는 것을 이제 그만두어야 할 때이다. 대신에 제도를 수정하여야 한다. 교사는 그들이 자기의 약점보다는 강점을 볼 수 있도록 도움을 주기 시작해야 한다. 그리고 그들에게 원인과 결과의 관계에 대해서 직접 가르쳐야 한다. 가난한 가정의 많은 아동들은 통제력을 갖지 않는다고 믿는다. 그들과 가족에게 안 좋은 일이 일어난다고 항상 믿는다. 교사는 그런 생각을 바꾸어 줘야 하며, 학생들이 대부분의 인생사건은 운이 아니라 자신의 행동과 선택 때문임을 이해하도록 도와주어야 한다.

성공의 판단

그림 7.2는 모든 학생이 성공적일 때 나타나는 지표들을 제시하고 있다.

그림 7.2 ≫ 모든 학생들 간의 격차가 해소되었는지를 알아보는 지표	
평가도구	**성공의 지표**
검사자료	최근 경향, 최고수준, 최저수준, 각 집단의 특징이 분석된다. 시험이 필요한 학생들에게만 시험이 부과되며, 편견에 사로잡히지 않는다.
관찰	교실에서 관계 형성에 최우선을 둔다. 교사들은 학습내용 못지않게 관계 형성에도 강조점을 둔다.
학생 결과물	모든 학생의 지식과 경험 및 관점에 기초하고 통합하도록 수업을 설계한다.
교사연수	교사들은 모든 집단을 위한 가장 최근의 경향과 방법론에 뒤떨어지지 않도록 노력한다. 교사들은 문화활용능력을 갖추고 있다.

결론

최상 복지의 선진 국가인 미국에서 300만 명 이상의 빈곤자들이 살고 있다. 우리는 연구를 통해서 유색 인종이나 가난한 가정의 학생들은 특수보충교육 프로그램에 들어가야 한다는 것을 알고 있다. 아프리카계 미국인 여성의 59%가 학교 교육에서 낙오될 우려가 있으며, 그중에 1/4은 감옥에 가서 시간을 허비한다. 25세가 되기 전에 비슷한 상황으로 이어진다는 것을 우리는 안다. 그동안에 백인 여성의 2/3는 대학에 갔다(Rank, 2005, p. 159). 가난한 가정의 아동들은 다른 아동들에 비해 어휘수준이 절반 정도인 상태에서 학교에 입학한다. 그리고 그동안 그들에게 제공된 중재지원 프로그램도 없었다. 다른 학생의 1/4의 어휘수준으로 고등학교에 입학한다. 이 보고서에 의하면 취학 전 프로그램에 대한 국가의 기준이 없으며, 대부분의 프로그램은 비용을 지불할 수 있는 부모의 가정에 한하여 활용된다. 그래서 다시 한 번 양질의 교육기회가 필요한 학생들은 그러한 기회가 주어지기가 매우 어렵다.

　우리는 빈곤층 아동들이 빈곤으로부터 벗어날 수 있는 해법이 교육이라고 말하고 있으며, 그렇게 할 때 경제시장을 개선하고, 범죄율을 줄이고, 삶의 가치를 더해주며, 나라를 부강하게 할 수 있다고 알고 있다. 교사로서 우리는 학생들이 교실에 있는 동안 학생들의 인생이 좀 더 나아지도록 변화시키고 차별화할 수 있는 독특한 지위에 있다.

제 8 장

다양한 참평가를 통한 학습평가

교육자들은 점수를 주로 (1) 행정적 목적을 위해, (2) 학생들에게 진전도와 성취도에 관한 피드백을 주기 위해, (3) 교사들에게 수업계획 수립에 필요한 안내를 위해, 그리고 (4) 학생들의 동기유발을 위해 사용한다.

－Peter Airasian(1994)

평가는 지난 몇 년 동안 중요한 논제가 되어 왔다. 이는 고부담 시험(high-stakes test)과 기준에 관한 논쟁 때문만은 아니다. 교육자들은 좋은 평가는 교실에 있는 다양한 학습자에 관한 풍부한 정보를 제공해준다는 것을 깨닫게 되었다. 형성평가는 교사로 하여금 학생들의 이전 학습, 부족한 기능, 새로운 정보와 과정을 학습하는 데에 필요로 하는 시간에 대해 엿볼 수 있는 기회를 제공한다. 평가는 교사들에게 교실에서 사용하고 있는 수업실제가 효과가 있는지의 여부에 대해서 알려준다. Black과 William과 형성평가에 관한 그들의 연구결과를 출판했던 1998년 이래로 교육자들은 새로운 견지에서 평가를 다루어 오고 있다. Black과 William은 기본적으로 좋은 형성평가는 어떤 교육적 중재보다도 더 높은 수준으로 학생들의 성취도를 증진시킨다는 사실을 경험적 증거를 통해 보여주었다.

그러면 형성평가와 총합평가의 차이점은 무엇인가? Popham(2008)의 정의에 따르면, "형성평가는 교사와 학생들이 의도한 수업결과에 대한 학생들의 성취도를 개선하고, 진행 중의 교수와 학습을 조절하기 위한 피드백을 제공하기 위해 수업 중에 사용하는 과정이다.” 형성평가는 하나의 과정이지 그 자체가 결과가 아니라는 점을 유념하라. 또한 형성평가는 교사와 학생들에게 성취도의 견지에서 어느 위치에 있는가에 관한 정보를 제공해준다는 사실을 유념하라.

형성평가의 활용

앞에서 언급한 바와 같이 형성평가는 하나의 과정이며, 그 목적은 수업 프로그램을 조절하고 학생들이 주어진 수업기준에 도달하도록 하는 데에 필요한 조치를 취하기 위해서이다. 교실에서 형성평가를 활용하면 교사들로 하여금 사용하고 있는 수업전략이 효과가 있는지를 확인할 수 있다. 수업전략이 효과가 없는 것으로 확인되면 교사는 학생들이 실패하기 전에 필요한 조치를 취할 수 있는 기회를 가질 수 있다. 나는 평가 과정에 학생들을 포함시키는데, 그 이유는 학생들은 자신의 진전도에 대해 알아야 할 필요가 있고 또한 학습을 위해 사용하고 있는 자신의 방법이 효과가 있는지의 여부를 알아야 하기 때문이다. 교사는 이러한 중요한 결정을 어떻게 하는가?

　Popham(2008)은 “학생들이 보다 먼 교육과정의 목표를 달성해 가는 도중의 과정에서 습득해야만 한다고 믿어지는 일련의 계열적인 지식의 하위기능과 내용”을 평가하여 학습의 진전도를 확인해야 한다고 제안하고 있다. 다시 말하면, 학습은 학생들이 보다 멀고 의도한 수업결과를 성공적으로 달성하기 위해서 필요하다고 여겨지는 단계적 건축 벽돌(즉, 여러 하위기능과 지식)로 구성되어 있다. 학습의 진전은 음소적 인식과 같은 표적 목표를 갖고 출발한다. 표적 목표의 완전한 도달은 소리 연결하기, 소리 분리하기, 소리 혼합하기 등과 같은 하위기능을 포함할 수 있다. Brookhart(2001)는 형성평가의 중요한 역할은 학생들에게 피드백을 주는 것이라고 말한다. 결국 형성평가의 중요한 목적 중의 하나는 교사와 학생들로 하여금 잘되어 가고 있는 것은 무엇이고 그렇지 않은 것은 무엇인가를 알도록 도와주는 것이다. 교사는 학생들이 잘하고 있는 것은 무엇이고 개선해야 할 점은 무엇인가를 알기를 원한다. 교사는 자기효능감을 파괴시키는 것이 아니라 증진시키길 원한다. 교사는 학생들에게 잘못한 것이 매우 효과적이지 못했다고 말해줌으로써 그들이 자신의 학습을 통제할 수 있다는 것을 느끼길 원한다. 교사는 자신에게 발생하는 것을 통제하지 못한다는 생각에 사로잡혀 있는 빈곤층의 이들에게 제공된 정보에 기초하여 새로운 계획을 세우도록 도와줌으로써 통제할 수 있다는 동기를 부여하길 원한다. 물론 그 정보는 학생들에게 이치에 맞는 형식으로 제공되어야 한다.

반면, 총합평가는 보통 학생들의 학습에 대한 점수 혹은 최종 성적표를 제공하기 위해서 사용된다. 고부담 시험은 학생들이 교과의 수준과 점수 기준을 초과했는지의 여부를 확인하는 총합평가에 해당한다. Fisher와 Frey(2007)는 "총합평가란 일반적으로 학년 말 혹은 미리 정해진 기간에 수업 프로그램과 활동의 효과성을 평가하기 위해 사용된다. 총합평가의 목적은 수업단계를 마친 후에 학생들의 능력을 판단하기 위한 것이다."(p. 4)라고 총합평가에 대해 간결하게 정의하고 있다.

평가는 교사와 학생의 편에서 효과적인 계획을 세우기 위한 것에서 시작된다. 교사는 학생들이 알았으면 하고 원하는 것이 무엇이고 학습의 결과로서 할 수 있는 것이 무엇인가를 스스로에게 물어보아야 한다. 그래야만 교사는 효과적으로 수업을 계획할 수 있다. Grant Wiggins와 Jay McTighe(2005)는 무엇보다 먼저 수행을 살펴보는 수업설계에 대해 기술하고 있다. 교사는 수업을 하기 전에 다음과 같은 중요한 질문을 던져 본다.

- 학생들이 기대하는 결과를 성취하기 위해서 효과적으로 수행할 필요가 있는 지식(사실, 개념, 원리)과 기능(절차)은 어떤 것인가? 서술적 정보와 절차적 정보는 뇌 안에서 다르게 저장되기 때문에 이들 정보를 어떻게 가르치느냐 하는 것이 중요한다는 것을 명심해야 한다. 만약 교사는 학생들이 그래픽 조직자(절차적)를 완성하기 위해서 단어(지식)를 사용하길 원한다면, 학생들이 그래픽 조직자의 과정을 완성하기 위해 단어를 쉽게 인출할 수 있도록 가르쳐야 한다. 교사는 학생들이 알아야 할 필요가 있는 사실과 기능이 무엇인가를 알아야 할 뿐만 아니라 그것을 잘 가르치기 위한 방법도 알아야 한다.
- 학생들이 필요한 지식과 기능을 갖추도록 하는 데에 도움이 되는 활동은 무엇인가? 교사는 학생들이 지식의 의미를 파악하고 생산적으로 사용할 수 있도록 기능의 정신모형을 만들도록 그들을 어떻게 도울 수 있는가?
- 수행목표의 견지에서 무엇을 가르치고 코치할 필요가 있으며, 또한 어떻게 해야 가장 잘 가르칠 수 있는가? 오늘날 다양성의 교실에서 가르치는 내용만큼이나 가르치는 방법도 중요하다. 학생들은 정보를 수용하고 처리하며 저장하는 방법에 있어서 각기 다르다. 교사는 학생들의 문화에 적합한 가장 좋은 수업실제를 알고 있다는 것을 학생들에게 알릴 필요가 있다.

- 수행목표를 달성하는 데에 가장 적합한 자료와 자원은 무엇인가? 교사는 학생들의 성공을 위해 필요한 자료와 자원을 갖고 있으며, 그 자료와 자원은 가르치는 학생들에게 개인적으로 의미가 있는 것인가?
- 전반적인 수업계획이 응집력이 있고 효과적인가? 만약 교수와 학습에서 성공 혹은 실패했다면 그 이유가 무엇인지 알고 있는가?

교수방법과 학습을 보다 잘 평가하기 위해서 일부 전문가의 의견을 살펴보기로 하자. Squires(2005)는 균형 있는 교육과정에서 교사들은 평가방법에 대해 생각할 때 학생들이 수행하는 과제에 관해 다음과 같은 질문을 던져 보아야 한다고 말한다(pp. 215~216).

- 중요한 과제는 수업을 안내할 수 있는 활동을 포함하고 있는가?
- 중요한 과제는 기준과 관련한 언어를 포함하고 있는가?
- 중요한 과제는 대부분의 학생들이 더욱더 행할 수 있도록 복합적으로 기술되어 있는가?
- 만약 학생들이 중요한 과제를 완성한다면, 그들은 중요한 과제에 내포되어 있는 기준과 관련한 아이디어, 개념, 과정, 절차를 이해할 것인가?
- 단원의 중요한 과제는 단원에 할당된 시간의 60%를 차지할 것인가?

평가는 수업 이전에 학생들에게 기술되고 제공된 서술적(혹은 선언적) 목표와 절차적 목표에 기초한다. 서술적 목표와 절차적 목표는 뇌 안에서 다르게 처리되고 저장, 회상되기 때문에 각기 다르게 가르쳐야 한다. 우리는 연구를 통해 지능은 두 가지 유형으로 구분된다는 것을 알고 있다. 사실, 원리, 일반화와 같은 지식의 형식과 관련된 지능은 때때로 결정적 지능(crystallized intelligence)이라고 불린다. 인지처리와 관련된 지능은 유동적 지능(fluid intelligence)이라 불린다. 교수방법의 견지에서 이 두 가지 형태의 지능에 대해서 살펴보기로 하자.

서술적 정보

서술적 목표는 교수-학습과정의 결과로서 학생들이 알아야 할 것이 무엇인가에 기초하고 있다. 서술적 목표는 본질상 사실적이며 절차적 목표보다도 더 다양한 도구로 가르칠 수 있다. 또한 서술적 목표는 절차적 목표보다 더 뇌의 여러 부위에 저장된다. 성공적인 실행과 평가를 위해서는 설정된 목표의 유형과 함께 시작되어야만 하는 이유가 바로 이 때문이다. 명사와 대명사에 대한 수업을 위한 서술적 목표는 다음과 같은 것들이다.

> 서술적 목표 : 학생들은 다음과 같은 것을 알게 될 것이다.
> * 명사의 정의
> * 대명사의 정의
> * 명사의 사용을 위한 규칙
> * 대명사의 사용을 위한 규칙

모양에 대한 수업을 위한 서술적 목표는 다음과 같은 것들이다.

> 학생들은 다음과 같은 사실들을 알게 될 것이다.
> * 모양과 관련된 단어들(예 : 정사각형, 직사각형, 원, 원뿔, 삼각형)
> * 여러 모양의 속성
> * 모양에 대한 공부가 중요한 이유

서술적 목표는 그 어떤 것이든 지식을 습득하는 학생들에 기초하고 있다는 사실을 명심하라. 이런 점에서 학생들은 정보와 함께 어떠한 것도 행하지 않는다. 즉, 학생들은 지식을 활용하는 데에 필요한 사실들을 수집하고 있을 따름이다. 정의, 규칙, 사실이 서술적 목표를 만든다.

서술적 지식의 평가

대부분의 서술적 정보에 관한 검사는 Stiggens(1994)가 일컬은 **강제선택평가**(forced-choice assessment)를 통해서 이루어진다. 그는 강제선택평가를 다음과 같이 정의하고 있다. "응답자는 일련의 문항들에 대해 대답해야 하는데, 각 문항에는 여러 답지가 수반된다. 응답자가 해야 할 일은 그 답지들 가운데 정답이거나 혹은 최선의 답을 선택하는 것이다. 성취지수는 답을 맞힌 문항의 수 혹은 비율에 의해 결정된다."

강제선택평가의 예로는 선다형, 배합형, 진위형, 완성형 등의 검사를 들 수 있다. 모든 교사가 학생평가에 대해 알아야 할 것(*What Every Teacher Should Know About Student Assessment*, Tileston, 2004d)이란 나의 저서에서 이러한 유형의 검사와 그 예를 다루고 있다.

서술적 지식(내용 지식)에 대한 평가는 질문지와 학생들과의 대화 혹은 협동학습과 같은 기법을 사용하여 학생들 간의 상호작용을 통해서 이루어지기도 한다. Fisher와 Frey(2007)는 학생들의 이해력을 평가하기 위한 질문지의 사용은 문제가 있다고 경고한다. 그 이유가 무엇인가? 만약 응답 시간이 동등하게 시행되지 않는다면 부정적인 효과를 가져올 수 있고, 동일 학생들이 항상 응답한다면 교사는 교실에서 정말 이해하고 있는 학생들에 관한 잘못된 생각을 가질 수 있기 때문이다. 6~7명의 학생들이 이해하고 있다는 것을 알고 있는 것과 32명의 학생들 모두가 이해하고 있다는 것을 아는 것은 큰 차이가 있다. Fisher와 Frey(2007)는 좋은 질문지 기법은 효과적이라고 언급하면서 형성평가를 위한 질문지 사용과 관련하여 다음과 같은 제안을 하고 있다.

- 수업목적 달성 여부를 확인하는 데에 좋은 질문을 선택하라. 질문에 따라서는 '예, 아니요' 그 이상의 응답을 요구한다. 질문에 답하기 위해 요구되는 학습의 수준이 어떤지를 파악하라.
- 모든 사람들이 응답형식을 알고 답할 수 있도록 질문을 제시하라.
- 필요할 경우 학생들의 응답을 촉구하라. 질문을 던진 후, 학생들이 응답을 한 후 숨 돌릴 시간을 주어라.
- 학생들의 응답에 대해 즉각적인 피드백을 제공하라. 학생들에게 질문에 답할 기회를 주어라.
- 응답 결과를 잘 살펴보고 경험에 기초하여 질문 방식에 변화를 주어라.

만약 학생들의 응답이 틀렸을 경우 어떻게 해야 하는가? 이에 대해 Fisher와 Frey(2007)는 다음과 같이 제안한다.

- 암시 : 학생들의 회상에 도움이 되는 상징, 단어, 구절을 사용하라.
- 단서 : "……로 시작되는데"와 같이 외현적 암시를 사용하라.
- 확인 : 틀린 응답 이면의 생각을 살펴보거나 응답이 완전하지 못할 경우 명료하게 답변하도록 요구하라.

- 바꾸어 말하기 : 같은 질문을 다른 말로 바꾸어 제시하라.
- 다른 학생 지명하기 : 같은 질문을 다른 학생에게 부과하라.
- 책임 다하기 : 수업이 끝난 후 틀린 응답을 했던 학생들이 이제 제대로 알고 있는가를 확인하기 위해 마무리 점검을 하라.(p. 41)

절차적 지식

다음, 학생들은 이러한 정의, 규칙, 사실을 가지고 무엇을 할 것인지를 알아야 할 필요가 있다. 이것이 수업을 위한 절차적 목표이다. 절차적 목표는 그 이름이 시사하듯이 학습자로 하여금 학습과정에 종사하도록 요구한다. 명사와 대명사에 대한 수업을 위한 절차적 지식(과정 지식)은 다음과 같은 것들이다.

절차적 지식 : 학생들은 다음과 같은 것을 **행할 수 있을 것**이다.
- 명사와 대명사의 차이를 구별한다.
- 주어진 명사에 대해 적합한 대명사를 사용한다.
- 대문자를 정확하게 사용한다.
- 주어진 대본으로부터 정확한 대명사를 사용하여 문장을 쓴다.
- 명사와 대명사를 적절하게 사용하여 한 단락을 쓴다.
- 주어진 대본으로부터 자신이 사용한 대명사가 정당하다는 것을 밝힌다.
- 명사와 대명사의 차이를 자신의 말로 설명한다.

모양에 대한 수업을 위한 절차적 목표는 다음과 같은 것들이다.

학생들은 다음과 같은 과정을 행할 수 있을 것이다.
- 그림으로부터 여러 모양을 식별한다.
- 스스로 모양들을 그린다.
- 주변에 있는 것들로부터(예 : 창문, 대문, 가구) 모양들을 식별한다.

절차적 목표는 보다 복잡한 수준을 위해, 예를 들어 학생이 정보를 활용할 수 있다는 것을 증명해 보이도록 할 때, 서술적 목표에 대한 지식을 취하기도 한다. 교사는 수업을 계획할 때 "나의 학생들이 서술적 목표를 통해 제공된 정보를 활용할 수 있다는 것을 알아보기 위해 내가 수업에 포함해야 할 필요가 있는 활동들은 무엇인가?"라고 질문을 던진다.

절차적 지식의 평가

서술적 정보를 활용할 기회를 제공하기 위해서 교사가 고안한 활동들 외에도, 다음과 같은 방법들이 절차적 지식을 평가하기 위해 종종 사용된다.

논문형

Tileston(2004d)은 "논문형(essays) 평가의 강점은 논문 그 자체를 위한 문두(stem)에 있다. 당신은 무엇을 알기를 원하는가? 당신은 학생들이 사실들을 이해하고 있는지의 여부를 알기를 원하는가 아니면 학생들이 추론, 문제해결기술 혹은 의사결정을 사용할 수 있는지의 여부를 알기를 원하는가?"라고 말하고 있다. 학생들이 고차적 수준의 사고를 사용하기를 요구하는 논문형 문항의 예는 평가, 기준 및 학생검사 연구센터(Center for

---

그림 8.1 ≫ 절차적 지식을 요구하는 논문형 문항의 예

학년이 시작된 이래, 여러분은 수업시간에 화학분석에 사용된 원리와 절차에 대해 공부하여 왔다. 여러분 친구들 중의 한 명은 질병 때문에 여러 주일에 걸쳐 결석하였고, 따라서 그는 2주 내에 치러질 중요한 화학시험에 관해서 걱정을 하고 있다. 이 친구는 여러분에게 시험을 위해 꼭 알아두어야 할 것이 무엇인지 모두 다 설명해주기를 요구하고 있다.

여러분의 친구가 이해해야만 하는 가장 중요한 개념과 원리에 대해서 여러분이 설명하는 하나의 논문을 작성하라. 여러분의 논문에는 여러분이 화학에 관해서 알고 있는 일반적인 개념들과 구체적인 사실들을 포함해야만 하며, 특히 화학적 분석이나 미지의 물질을 식별하는 것에 관해서 여러분이 알고 있는 것을 포함해야만 한다. 여러분은 또한 교사의 논증이 중요한 화학 원리들을 어떻게 예시하고 있는가를 설명해야만 한다. 여러분이 알고 있는 개념들, 사실들 및 절차들 간의 관계를 증명해 보여라.

Research on Evaluation, Standards, and Student Testing)의 웹 사이트에서 찾아볼 수 있다(CRESST, www.cresst.org; 그림 8.1 참조)

짧은 기술형

짧은 문장으로 반응하도록 요구하는 검사는 논문형 형태의 하나임에 분명하지만, 매우 특정한 정보에 국한된다. 이러한 검사의 문항은 단지 선언적 정보에 관한 것일 수 있지만 또한 절차적 정보에 관한 것일 수도 있다. 이러한 형태의 검사가 갖는 이점은 문항을 주의 깊게 제작만 한다면 고차적 수준의 사고를 측정할 수 있다는 것이다. 예를 들어, 단지 서술적 정보만을 측정하는 짧은 기술형(short written responses)의 경우, 초·중등학교 학생들은 Beverly Cleary의 원작 헨리와 말라깽이(*Henry Huggins*)에 나오는 "줍는 사람이 임자다(Finders Keepers)"라는 제목의 장에서 기술되고 있는 사건의 순서를 나열하도록 질문을 받을 수 있다. 절차적 정보를 측정하는 짧은 기술형의 경우, 이 이야기에서 주인공이 스스로 기르고 싶어 하는 한 마리의 개를 발견하게 되는데, 이때 개의 주인이 나타났을 때 주인공이 어떤 결정을 내려야 할지 가능한 문제해결책을 적어도 세 가지 이상 제시하고, 그러한 결정을 한 준거를 네 가지 제시하도록 질문을 받을 수 있다. 즉, 자신의 준거에 기초하여 어떤 결정을 내릴 것이며, 그러한 결정에 대해 정당화하도록 요구하는 것은 절차적 정보를 측정하는 간단한 논문형인 것이다.

구두 보고

구두 보고(oral reports)는 귀로 듣는 논문형의 한 형태이며, 서술적 정보와 절차적 정보를 모두 포함할 수 있다. Marzano(2000)에 따르면 구두 보고는 정보, 사고와 추론, 의사소통 기능을 요구하는 문제를 평가하는 데에 강점이 있다.

수행과제

질적인 수행과제(performance tasks)는 학생들의 학습을 평가하기 위한 아주 좋은 방법일 수 있다. 그러나 수행과제는 종종 기계적이고 수준이 낮다. 이러한 형태의 측정을 유용하도록 하기 위해서는 과제가 고차적 수준의 사고를 필요로 하고, 학생들로 하여금 공부한 주제들에 대해 정말로 이해하고 있는 것인지를 요구하는 것이어야 한다.

모든 수행과제는 그것이 숙제로 부과된 것이든 개별 프로젝트로 부과된 것이든 간에,

그림 8.2 >> 체크리스트 : 설득력 있는 논문		
중요한 부분	**주요 사항**	**속성(특성)**
주제 진술		☐ 명확성 ☐ 논리적
서론		☐ 주의 유도 ☐ 연구문제의 진술
목소리		☐ 의도한 청중에 표적
논리적 설명		☐ 주제 진술의 논리성 ☐ 정서/논리에 기반
지지/정교화		☐ 연결과 같은 변환 진술 ☐ 예시 및 상세한 설명 ☐ 결정적 증거
결론		☐ 입장(논거) 재진술 ☐ 논리적 설명 재확인 ☐ 실천적 제안

출처 : Donna Walker Tileston(2011). *Ten Best Teaching Practices: How Brain Research and Learning Styles Define Teaching Competencies*(3rd ed.). Thousand Oaks, CA: Corwin. www.corwin.com. 이 책을 구입한 학교의 사이트와 비영리 단체에서만 복사 사용이 허락됨.

학생들이 질 높은 결과물이란 어떠한 것인지 정확하게 알도록 교사가 만든 매트릭스와 루브릭을 포함해야만 한다. 형성평가의 결과에 대한 피드백을 위해서 체크리스트를 사용하는 것도 좋다. 예를 들어, 어떤 학생이 학급의 구성원들에게 발표할 설득력 있는 논문을 준비하고 있다고 가정해 보자. 교사는 학생이 교사의 기대가 무엇인지 의심의 여지가 없도록 미리 중요한 부분에 대해 그림 8.2와 같은 체크리스트를 제공할 수 있다.

위의 체크리스트는 학생들이 설득력 있는 논문을 쓸 때 그들과 교사가 얘기를 나누어 할 화제를 제공하고 있다. 교사는 평가과정에 있어서 최종 프로젝트에 대한 루브릭을 사용하여 학생들과 대화를 나눌 수 있다(그림 8.3 참조).

평가과정의 세 번째 부분은 최종 결과물에 대한 학생들의 자기평가이다. 교사는 원래의 체크리스트를 사용하여 학생들에게 가장 잘한 부분이 무엇이고 개선이 필요한 부분이 무엇인지 보여줄 수 있다.

그림 8.3 >> 루브릭 : 설득력 있는 논문				
논문 루브릭	전문가 수준	숙련가 수준	실습생 수준	초보자 수준
주제	명확하고 잘 진술되어 있음 : 증거를 지지하는 세 가지 논거가 제시됨	명확함 : 세 가지 논거의 진술이 명료하지 않음	명확하지 않거나 세 가지 논거가 명료하지 않음	논거가 없거나 의미가 없음
정교화	논리적인 형식으로 제시된 증거에 대한 매우 생생하고 흥미로운 아이디어 : 매우 상세하게 제시됨	흥미로운 상세함이 약간 있음, 정교화와 논리성이 좀 더 요구됨	상세함이 적음, 명료성과 논리성이 부족함	정교함이나 상세함이 없음
결론	논리성이 수반되고 증거가 제시됨	필자의 생각이 담겨 있지만 증거가 정확하게 수반되지 않음	논리성과 증거가 수반되지 않음	명확하지 않음

교사 관찰

우리는 학생이 자기 자신에 대해서 좋은 기분을 갖도록 하는 데에 너무나 많은 초점을 두기 때문에 종종 지나칠 정도로 긍정적인 말을 하거나 칭찬을 하는 것이 일반적이었다. 교사의 피드백이 효과적이기 위해서는 구체적이고, 진지해야 하며, 진단적이면서 처방적인 것이어야 한다. 예를 들어, 어떤 학생에게 "잘했어."라고 말하는 것은 피드백이 아니다. 피드백은 "영수야, 넌 학습의 초기 목표를 아주 잘 작성하였어. 이 목표는 너의 개인적 관심사이지. 이제는 왜 우리가 학교에서 이러한 목표를 달성하기 위해서 시간을 할애하고 있는지, 사람들이 삶에 있어서 이러한 목표 달성을 위해 학습하는 것이 왜 중요한 것인지, 너는 이러한 학습을 통해 얻은 정보를 다른 상황에 어떻게 활용할 것인지, 이 정보가 네가 보다 나은 시민이 되도록 그리고 보다 나은 가족의 구성원이 되도록 하는 데에 어떻게 도움이 될 것인지를 생각해 봐."와 같은 것이어야 바람직한 것이다.

대부분의 경우에 서술적 목표는 절차적 목표를 달성하기 이전에 배운다. 서술적 목표는 절차적 목표 달성을 위한 발판(scaffolding)의 기회를 제공한다. 서술적 목표는 학생들에게 시각적으로 제공되어야 한다. 상급 학년의 학생들에게는 교실 벽에 서술적 목표를 게시하여 종종 볼 수 있도록 한다. 목표 설정은 교수-학습과정의 한 중요한 부분이다. 그러므로 학생들이 자신의 학습을 측정할 수 있도록 자주 서술적 목표를 볼 수 있도록 해야 한다. 하급 학년의 학생들에게는 시각적 상징체계를 사용하여 서술적 목표를 제시해야 한다. 또한 서술적 목표를 가정에 보내 학부모들이 볼 수 있도록 하여 교사가 성취하고자 하는 것이 무엇인가에 대한 지원을 받을 수 있도록 해야 한다. 학생들에게 개인적인 학습목표를 작성하도록 하는 것이 좋다. 제1장에서 학습은 학생들에게 개인적인 의미를 가져야 한다는 것을 논의한 바 있다. 개인적인 의미는 뇌의 자기체계를 작동하기 위한 뇌친화적 방법이다. 참평가는 서술적 목표와 절차적 목표를 모두 고려한다.

루브릭과 메트릭스

참평가에서 다음 단계는 교사가 학생들에게 성공의 준거를 제시하는 것이다. 이것은 루브릭, 매트릭스, 혹은 단계기술(written steps)의 형태일 수 있다. 매우 어린 아동들을 제외하고는 이러한 정보가 단계기술의 형태여야 하며, 모든 학생의 수중에 있어야 한다. 루브릭은 자신이 얼마나 잘 학습하고 있는가를 알아보기 위한 기회를 학생들에게 제공해주기 때문에 학생들이 자기평가를 할 수 있는 하나의 준거가 된다. 명사와 대명사에 대한 수업의 경우, 루브릭의 예를 들어 보면 그림 8.4와 같다.

그림 8.4에 제시된 루브릭에서 1, 2의 항목들은 서술적 목표와 관련이 있고, 3의 항목은 서술적 목표를 사용하여 채택된 과정과 관련이 있다는 것을 주목하라. 그래서 평가는 서술적 목표에 국한하는 경우가 종종 있다. 서술적 목표와 절차적 목표를 다같이 신중하게 기술해야 두 목표를 모두 평가하기가 쉽다.

> 점수를 부여하거나 평가를 할 때는 언제나 학생들에게 미리 주어지는 준거가 있어야만 한다.

그림 8.4 》 명사와 대명사에 대한 루브릭

잘했음	좀 더 노력을 요함	아직 부족함
1. 학생은 단어를 이해하고, 자신의 말로 단어의 의미를 진술할 수 있다.	1. 학생은 단어를 암송할 수 있지만, 자신의 말로 표현하는 데에 어려움을 갖고 있다.	1. 학생은 단어를 암기하고 있을 뿐이며, 전혀 그 의미를 이해하지 못하고 있다.
2. 학생은 명사와 대명사를 구분하는 규칙과 속성을 이해하고, 작문을 할 때 명사와 대명사를 사용하거나 생성할 수 있고, 그 규칙을 활용할 수 있다.	2. 학생은 명사와 대명사를 구분하는 규칙과 속성을 알고 있지만, 그 규칙을 기억하는 데에는 종종 어려움을 갖고 있다.	2. 학생은 일관성 있게 명사와 대명사를 구분하는 규칙을 제대로 활용할 수 없다.
3. 학생은 주어진 단서 속에서 정확한 형태를 제시함으로써 명사와 대명사를 올바로 사용하기 위한 기제를 이해하고 있음을 증명해 보인다. 학생은 자신의 말로 사용된 규칙을 정당화할 수 있다.	3. 학생은 약간의 단서만 있으면 대체로 명사와 대명사를 사용하기 위한 기제를 이해하고 있음을 증명해보이지만, 선택한 규칙을 일관성 있게 정당화할 수 없다.	3. 학생은 명사와 대명사의 사용에 대한 표면적인 지식을 증명해 보이지만, 교사의 단서가 있을 때만 명사와 대명사를 올바로 사용할 수 있다.

그림 8.5 >> 숙제에 대한 매트릭스

준거	속성
숙제한 모든 문제	• 절차를 정확하게 따랐는가 • 숙제한 모든 것을 보여줄 수 있는가 • 숙제를 점검했는가
수학적 이해의 증명	• 제대로 설명할 수 있는가 • 푼 것을 정당화할 수 있는가 • 다른 사람들에게 풀이과정을 설명할 수 있는가
숙제한 시간의 적정성	• 숙제를 제시간에 했는가 • 숙제를 완성했는가
숙제의 명료성	• 숙제한 것이 깔끔하고 명료한가 • 숙제한 것이 보기 좋고 이해하기 쉬운가

점수를 매기든 평가를 하든 어떤 경우이든 미리 학생들에게 제공된 준거가 있어야 한다. 과제나 숙제를 부과할 때에도 미리 평가의 준거가 학생들에게 제공되어야 한다. 그림 8.5는 나의 저서 모든 교사가 학생평가에 대해 알아야 할 것(*What Every Teacher Should Know About Student Assessment*, Tileston, 2004d)에 수록된 수학 숙제를 위한 매트릭스의 한 예이다.

성공의 판단

좋은 평가는 서술적 정보와 절차적 정보를 모두 반영한다. 서술적 정보와 절차적 정보를 모두 반영한 평가를 하기 위해서 학교는 평가에 관한 몇 가지 어려운 질문을 해야만 한다. 평가는 학습의 정도에 관한 적절한 정보를 제공하고 있는가? 평가를 위한 적절한 수단과 방법은 무엇인가? 단기간의 암송이 아니라 장기기억에 대한 평가가 이루어지도록 적절한 시간이 할애되었는가? 측정을 위해서는 무엇이 중요한가? 과정, 결과, 혹은 둘 다 측정할 필요가 있는가? 평가는 정말로 학습을 반영하고 있는가? 학생들이 얄타협정의 개최시기가 언제인지를 아는 것이 더 중요한가 아니면 얄타협정의 개최시기를 찾아내는 과정을 아는 것이 더 중요한가? 그리고 이러한 얄타협정 개최시기에 관한 학습을 학생들은 필요로 하는가?

평가는 학생들의 이해와 이러한 이해를 적용하는 능력을 적극적으로 증명해주는 것이어야 한다. 좋은 형성평가는 교사와 학생들에게 교수－학습과정의 효과와 어떤 변화와 개선이 필요한가에 관한 정보를 제공해주며, 그것이 형성평가의 주된 목적이기도 하다. 교사는 학생들이 학습으로부터 의미를 구성할 수 있다는 것을 알 필요가 있다. 나의 저서 모든 교사가 학생평가에 대해 알아야 할 것(*What Every Teacher Should Know About Student Assessment*, Tileston, 2004d)에서 학생들이 정말로 이해했다면 다음과 같은 것을 할 수 있다고 말하는 Wiggins와 McTighe(1998)의 견해를 제시하고 있다.

- 자신의 언어로 표현한다.
- 글을 읽으면서 도움이 되는 정보인지 그렇지 않은 정보인지를 구분한다.
- 한 형식이나 상황으로부터의 정보를 다른 형식이나 상황에 전이시킴으로써 응용한다.
- 어느 관점을 정당화함으로써 자신의 관점을 취한다.
- 다른 사람의 관점을 역지사지할 수 있다.
- 자신의 생각, 감정, 강점 및 약점을 식별함으로써 자기에 대한 이해를 드러낸다.

학생들의 학습결과에 대해 높은 기대를 설정하는 것이 중요한다는 것을 제5장에서 논의한 바 있다. 교사는 표준치 이상의 기대를 설정하고 기대한 프로젝트에 대한 구체적인 조건을 제시해줄 필요가 있다. 학생들에게 선택의 기회를 주는 것도 중요하지만, 최종 결과물이 질을 반영해야 한다는 조건을 제시하는 것 또한 마찬가지로 중요하다. 학생들에게 우리는 뇌와 학습에 관한 연구 프로젝트를 원한다고 말하기보다는 대신 우리는 최소한 Jensen과 Sousa의 연구를 포함하고 있는 뇌와 학습에 관한 연구 프로젝트를 원한다고 말할 수 있을 것이다. 우리는 또한 학생들에게 최종 결과물의 형태에 대해서 자유롭게 선택하도록 하게 할 수 있을 것이다. 예를 들어, 최종 결과물은 교육에 요구되는 변화에 관

그림 8.6 》 참평가에서 사용되는 지표

평가도구	성공의 지표
학생 결과물	학습한 것을 다양한 상황에서 활용함으로써 이해하고 있음을 증명해 보인다.
학생 결과물	문제를 해결하고, 산출물을 만들고, 정보에 접근하기 위해서 여러 가지 탐구기능들을 사용한다.
학생평가	다양한 범위에 걸쳐 이루어지고, 학습을 반영하며, 루브릭을 동반한다.
학생평가	지역 및 국가수준에서 요구하는 그 이상의 학습을 반영한다.
형성평가	교사와 학생들에게 잘한 것은 무엇이고 그렇지 못한 것은 무엇인가에 대해 피드백을 제공한다.

해서 연구논문 형태로 작성되는 것일 수도 있고, 파워포인트를 이용한 멀티미디어 형태로 제출되는 것일 수도 있고, 또는 학생 포럼 형태로 극화될 수도 있을 것이다. 학생들은 그 중에서 어느 형태로 할 것인지 선택하지만, 교사는 질을 고려해야 한다는 조건을 달아둔 다. 도달할 수 있는 가장 높은 수준의 결과물은 그것을 만든 사람뿐만 아니라 모든 사람에게 유용성을 주는 것이다. 그림 8.6은 참평가가 시행될 때 제시되어야 할 지표를 나타내고 있다.

결론

교사가 학생들이 성공하기 위해서 알아야 할 필요가 있는 모든 것들을 그들에게 가르칠 수 있는 방도는 없다. 무엇보다도 교사는 학생들이 성공하기 위해서 그들의 삶에 있어서 무엇이 필요할 것인지를 알지 못한다. 교사는 학생들에게 이해와 문제해결을 위한 구조 및 연구검색기능을 형성하기 위한 도구들을 제공해주어야만 하고, 그다음엔 학생들이 그 도구들을 활용할 수 있는지 그렇지 않은지를 알아보기 위해 평가해야만 한다. 교사는 그 러한 과정들을 반영하고 있는 평가과제를 학생들에게 제공함으로써 평가를 실시한다. 이 러한 평가가 성공적으로 이루어질 수 있는 몇 가지 방법으로는 개별 프로젝트, 실험, 복잡한 문제해결 등을 예로 들 수 있다.

만약 평가가 참다운 것이라면, 교육과정의 일상 경험과 밀접한 관련이 있어야 하며 또한 교사의 교육적 의사결정에 정보를 제공하는 것이어야 한다. 학생들의 학습을 참되게 평가하기 위해서는 다음과 같은 질문(Tileston & Darling, 2008a, p. 150)을 사용해 보라.

- 단원은 학생 청중들에게 적합한 학습기대를 기술하고 있는 명확한 결과를 담고 있는 가? (기대)
- 이러한 결과는 국가 혹은 지역 교육청의 기준으로부터 도출된 것인가? (기대)
- 수업전략은 학습기대에 진술된 개념과 과정을 다루는 데에 효과적인가? (학습)
- 학생들의 활동, 과제, 학습경험은 기대되는 결과를 학습하기 위한 기회와 적절한 시 간, 그리고 선택의 기회를 제공하고 있는가? (학습)
- 학생들에게 기대되는 결과들이 활동, 과제 및 학습경험에 적절하게 표현되고 있는가? (학습)

- 모든 결과나 학습경험이 적절하게 평가되고 있는가? (평가)
- 평가방법(예 : 선다형, 논문형, 루브릭, 수행과제 등)은 다양한 선택의 기회가 주어진 서술적 지식과 절차적 지식을 평가하는 데에 적절한가? (평가)
- 평가에서 사용되는 언어는 수업시간에 사용했던 언어와 동일한 것인가? (평가)
- 문항 혹은 과제의 수는 교수와 학습에 소비된 시간의 길이와 측정되어야 할 내용과 과정(절차)의 중요성에 비추어 적절한가? (평가)

제 9 장

실생활에 적용할 수 있는 심층적 이해의 촉진

> 우리의 뇌는 생존을 위해 학습하도록 설계되어 있기 때문에 유용하고, 실제적이며, 사실적인
> 것으로 인식되는 것을 매우 잘 학습한다.
>
> —Eric Jensen(1997)

우리는 방대한 정보가 엄청난 속도로 변화하는 시대에 살고 있다. 교사들조차 학생들이 그들의 인생에서 성공하기 위해 알아야 할 모든 지식이 무엇인지 다 알 수 없기 때문에 모든 것을 가르쳐줄 수는 없다. 테크놀로지의 비약적 진보 덕분에 교사들은 오늘날 학생들의 삶에서 일어나는 변화의 속도를 따라잡는 데 어려움을 겪는다. 학급에서 교사의 역할은 해박한 지식을 가진 사람에서 학습에서의 협력적 조력자로 진화하였다. Marc Prensky(2006)가 학생들은 평생 동안 7개의 직장을 가질 것이고 그중 5개는 현재 없는 직업일 것이라고 지적했듯, 교사는 학생들을 그들의 직업에 충분히 준비된 상태로 만들 수 없다.

내가 과거에 학교를 다닐 때는 오늘날 우리가 직면하고 있는 여러 가지 질병과 문제들이 있을 것이라고 생각하지 못했다. 나의 선생님들은 우리에게 에이즈와 같은 질병이나, 심지어 문제가 된 것에 대해서 어떻게 자기 의견을 개진하는지에 대해서 가르칠 수가 없었다. 그들이 할 수 있었던 것은 정보에 근거한 의사결정을 할 때 필요한 심층적인 기능을 우리에게 제공해주는 것이었다. 이것은 학생들에게 사실적인 정보를 가르치지 말아야 한다는 것을 의미하는 것이 아니고, 서술적인 정보가 교육의 기본에 대단히 중요하다는 것

이다. 내가 지금 말하고 있는 것은 학생들이 어떻게 정보를 학습하는지, 그리고 그들의 생애 전체를 통하여 실제 생활의 문제에 그런 과정들을 전이시키기 위해서 학습의 과정을 어떻게 적용하는지를 알 필요가 있다는 것이다. 제3장에서 제시된 KNLH 모형에서 H는 "나는 어떻게 학습하였는가?"의 어떻게(How)를 나타낸다. 학생들은 어떤 과정들이 학습을 하는 데 이용되는지를 알 필요가 있다. 정보는 우리가 그것을 알고 있다는 것을 믿을 때까지는 장기기억의 한 부분이 되지 못한다.

Jensen(1997)은 이해에 대한 네 단계, 즉 시초적 지식(starter knowledge), 관계적 지식(relational knowledge), 총체적 지식(globalized knowledge), 전문적 지식(expert knowledge)을 제시하였다. Jensen의 네 단계를 기초로 삼아 각각에 대해서 살펴보고, 또한 학생들을 학습의 전문가로 이끄는 과정에 대해서도 살펴보도록 하자.

단계 1 : 시초적 지식

학습의 시초적 지식 단계는 종종 피상적 지식(surface knowledge)으로도 지칭된다. 학생들은 그들에게 어떤 특별한 의미를 갖거나 혹은 의미를 갖지 않는 사실들을 암기한다. 예를 들면, 학생들이 과학에서 주기율표의 원소, 수학에서 도형에 대한 정의, 역사에서 제2차 세계대전의 원인, 혹은 소설에서의 사건의 연속에 대해서 학습할 수 있다. 이런 형태의 정보는 보통 그 정보를 학생들이 단순히 기억하느냐를 나타내는 지필시험으로 평가된다. 실제 세계에 대한 정보는 기껏해야 아주 낮은 단계이고, 학생들은 그들이 어떻게 정보를 배웠는지 혹은 실제 세계에 어떻게 적용하는지조차도 모르는 경우가 종종 있다. 기계적 암기는 곱셈과 같이 언제나 정답이 동일할 때만 효과적이며, 주기적으로 회상하지 않으면 그 정보들이 소멸되어 버린다. Marzano(2001a)는 지식의 영역에서 일어나는 가장 낮은 수준의 학습은 용어, 단순사실, 그리고 시간 순서라고 말했다.

단계 2 : 관계적 지식

학습의 관계적 지식 단계에서 학생들은 교과와 시간의 전 영역을 통하여 연관을 맺는다. 제2차 세계대전의 원인을 공부할 때, 학생들은 갈등을 일으키는 원인의 패턴을 찾고, 유사한 현재의 세계 상황을 분석한다. 수학에서 도형들의 차원과 이름을 단순히 학습하는 대신, 그들 주위에 있는 모든 도형들을 찾으려고 한다. 그들은 더 이상 한 부분으로서 소설을 보지 않고, 다른 상황에 적용될 수 있는 패턴을 찾는다. Seuss 박사의 스니치즈(*Sneeches*)는 솜털이 나 있고 위의 중간에 별을 가지고 있는 초록색 동물에 관한 단순한 재미있는 이야기가 아니고, 생물에서 일어나는 행동의 패턴에 대한 의견이다. 햄릿(*Hamlet*)에서 일어나는 갈등들은 역사 전체를 통하여 일어나는 갈등들과 유사하다.

Marzano(2001a)는 인지체계 내에서 일어나는 이해에 대해 "지식을 영구기억을 위한 적당한 저장 형태로 바꾸는 것에 기인한다."고 말했다(p. 33). 그는 그의 새로운 분류체계 내의 이해를 설명하기 위해 두 가지 절차를 사용한다. 첫 번째 절차는 종합이다. 학생들이 그들의 지식을 종합할 때, 그들은 핵심이 되는 속성을 습득할 수 있게 된다. 즉, 그들은 결정적 속성을 이해하게 된다는 것이다. 두 번째 절차는 표상이다. 표상은 새로운 정보가 지각되는 비언어적 방법이다. 그 사례로는 그래픽(비언어적) 조직자를 들 수 있다.

단계 3 : 총체적 지식

총체적 지식 단계에 참여한 학생들은 그들의 당면한 세계를 초월하여 지식의 영향을 이해한다. 그들은 자신들의 사회, 국가, 세계, 지구에 대한 영향을 이해한다. 이 점에서 학생들이 그들 자신의 신념체계와 문제에 포함된 것에 대해서 어떻게 느끼는가를 고찰할 때 학습이 좀 더 심도 있게 개인적인 의미로 일어난다. 이런 형태의 학습은 단지 시험을 위한 일시적인 것이 아닌 그들의 생애 전체를 통하여 학생들과 오랫동안 머물게 된다. 학생들은 또 다른 관점에서 사물을 보게 되고, 그들이 습득한 과정과 정보의 가치에 대한 보다 나은 이해를 하게 된다. Marzano(2001a)는 학생들이 의사결정하기, 문제해결하기, 실험적 탐구 혹은 탐구 수행을 행하는 것과 같은 유용한 방법으로 정보를 활용하는 단계로서 지식 활용에 대해 논하였다. 이러한 모든 과정은 학습한 정보에 대한 이해와 그것을 분석할 수 있는 능력을 요구한다.

의사결정을 내릴 수 있는 학생들은 문제를 해결하기 위해 수집한 여러 가지의 대안 중 최선의 선택을 내리기 위해 지식을 활용할 수 있는 능력을 함양하고 있다. 그들은 가능성을 따져볼 수 있고, 어떤 선택이 다른 것보다 더 현실성 있는지 여부를 판단할 수 있다.

문제해결을 할 수 있는 학생들은 어떤 장애나 제한된 조건에서도 목표를 성취할 수 있는 능력을 가지고 있다. 문제해결과 의사결정을 내리는 것의 중요한 차이점 중 하나는, 문

그림 9.1 ≫ 'What?, So What?, 그리고 Now What?

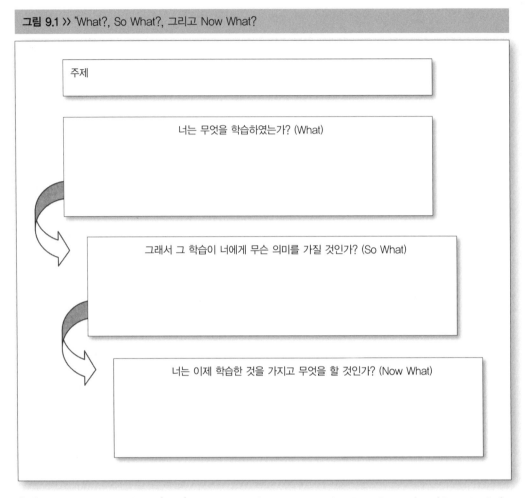

주제

너는 무엇을 학습하였는가? (What)

그래서 그 학습이 너에게 무슨 의미를 가질 것인가? (So What)

너는 이제 학습한 것을 가지고 무엇을 할 것인가? (Now What)

출처 : Donna Walker Tileston(2011). *Ten Best Teaching Practices: How Brain Research and Learning Styles Define Teaching Competencies*(3rd ed.). Thousand Oaks, CA: Corwin. www.corwin.com. 이 책을 구입한 학교의 사이트와 비영리 단체에서만 복사 사용이 허락됨.

제해결은 장애가 있을 때 의사결정을 내리는 것을 수반하는 반면 의사결정을 내리는 것은 그렇지 않다는 점이다. 실험적 탐구를 사용하는 학생들은 그 가설이 현실적이고 적절한지 설정하고 검증해 볼 수 있다.

그림 9.1에 제시한 예시에서 학생들은 질문에 충분히 대답할 수 있다.

"What?, So What?, 그리고 Now What?"은 학생들에게 학습한 것에 관해서 그리고 학습한 것이 개인적으로나 개인적인 것을 초월하여 어떤 유용성을 가지는가에 관해서 생각하도록 도와주는 반성적인 연습 활동지이다. "What?"은 "너는 무엇을 학습하였는가?"를 지칭하고, 학생들은 학습의 결과로서 표면된 사실이나 아이디어들을 목록으로 제시한다. "So What?"은 "그래서 그 학습이 너에게 무슨 의미를 가질 것인가?"를 지칭한다. 학생들은 그들 자신의 언어로 그들의 생활에 대한 학습의 개인적인 적용을 서술한다. "Now What"은 "너는 이제 학습한 것을 가지고 무엇을 할 것인가?"를 지칭한다. 이 단계에서 학생들은 현재를 초월하여 정보가 미래에 어떻게 사용될 것인가를 찾고, 그들 자신도 초월하게 된다. 학생들은 이 부분의 연습 활동지를 완성하기 위해서 관련성을 만들어야만 한다. 반성적 사고가 수업에서 대단히 중요한 부분이다. 왜냐하면, 그들이 학습한 것을 학생들이 믿을 때까지 학습은 그들에게 실제적인 진짜가 아니기 때문이다. Wiggins와 McTighe(2005)는 이 단계의 학생들은 사물을 전망하고 조망하여 볼 수 있다고 하였다.

단계 4 : 전문적 지식

전문적 지식 단계에서 학생들은 통찰력이 있고 정보를 다양한 상황에 적용할 수 있다. 그들은 Wiggins와 McTighe(2005)에 의해 제시된 이해에 대한 여섯 가지의 모든 면을 다 사용할 수 있다. 그들은 다음과 같은 것을 할 수 있다.

- 그들 자신의 언어로 그들이 알고 있는 것을 설명한다. 학생들은 그들 자신의 언어로 설명을 할 뿐만 아니라, 이 능력이 발달됨에 따라 그들의 설명을 정당화할 수 있다. 그들은 근원적인 문제나 핵심적 사실이 무엇인지 의사결정을 할 수 있는 능력을 갖게 될 것이다. 그들은 또한 사실에 근거하여 예상을 할 수 있게 될 것이다. 그림 9.2는 훌륭한 예상을 잘할 수 있도록 내가 학생들을 가르치기 위해 사용하는 그래픽 조직자이다. 이 그림에서 학생들에게 기본적인 사실과 정보가 주어지고, 다음에 무엇이 일어날 것인가에 대해서 예상하도록 요구한다. 학생들의 예상은 반드시 사실에 근거를 두어야 하고, 사실이 옳다는 것을 타당화할 수 있어야 한다는 것에 주의해야 한다.

학생들이 정확한 예상을 하기 위해, 그들은 다음과 같은 수칙을 따라야 한다.

- 숨은 의미까지 포함하여 정보와 과정을 해석한다. 고차적 수준에서 학생들은 "행간에 숨어 있는 의미를 알 수 있고, 어떤 행동이나 상황이 제시된 문서의 의미나 가능한 다양한 목적에 대해서 그럴듯한 설명을 할 수 있다."(Wiggins & McTighe, 2005)
- 정보를 실생활 상황에 적용한다. 학생들은 정보를 교실 상황을 떠난 다양한 상황에

그림 9.2 >> 예상 나무

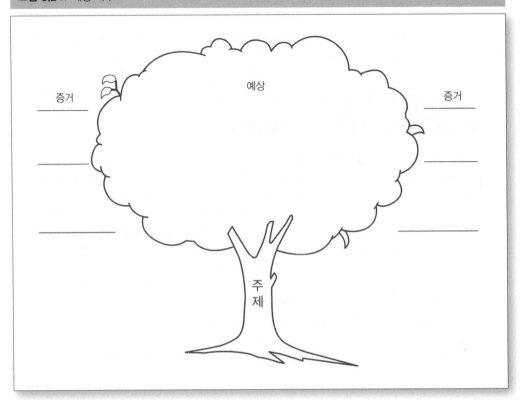

출처 : Donna Walker Tileston(2011). *Ten Best Teaching Practices: How Brain Research and Learning Styles Define Teaching Competencies*(3rd ed.). Thousand Oaks, CA: Corwin, www.corwin.com. 이 책을 구입한 학교의 사이트와 비영리 단체에서만 복사 사용이 허락됨.

입안하여 계획할 수 있다.

- 그들 자신의 관점과 다른 사람의 관점을 알아낸다. 이것은 정보의 가치를 비판하는 것을 포함하고 있다. Wiggins와 McTighe(2005)는 전문적 지식을 가지고 있는 학생들은 다음과 같은 것을 할 수 있다고 하였다.
  - 아이디어의 능력뿐만 아니라 한계를 안다.
  - 논증이나 언어를 통하여 편향되고, 파벌적이고, 이념적인 것이 있는지를 안다.
  - 아이디어의 가치나 중요성을 알고 설명한다.
- 다른 사람의 가정과 아이디어에 대해 공감을 표시한다. 학습자는 비록 다른 사람의 아이디어에 동의하지 않을 때도 그들의 견해와 동기를 진실로 이해한다.
- 편견과 이해와 한계의 관점에서 그들 자신을 이해한다. 학습자는 학습과 자기평가를

정확하게 고려하여 학습에 참여한다. 전문가적인 학습자는 피드백을 수락할 수 있는 능력을 갖게 될 것이고 또한 그것을 사용할 수 있을 것이다.

실제 세계 경험으로서의 서비스 학습

작년에 나는 이스탄불을 방문하여 교사와 학생들을 만났다. 그곳에서 나는 그들과 함께 21세기 기술에 대해 논하였다. 내가 방문했던 모든 학교의 학생들은 6학년 때 서비스 학습 (service learning) 과제를 완수하도록 되어 있었는데, 그 과제는 그들의 학교와 가정 밖에서 일어나는 문제들에 대한 학습경험에 관한 것이었다. 주제는 지역사회, 도시, 나라 또는 세계 모든 곳을 포함하고 있었고, 학생들은 그 주제에 대해 공부할 뿐만 아니라 그들 스스로 해결책을 창조하기도 하였다. 4년 전 네덜란드에서 유럽 전역의 교육자들이 이야기하는 자리에서, 나는 국제적인 상을 수상한 경력이 있는 이색적인 서비스 학습 과제에 흥미를 느꼈다. 그 학생들은 전 세계적인 변화를 가져왔다. 점점 더 많은 서비스 학습이 나날이 중요성을 더하게 되었다. 웹 사이트(www.servicelearning.com)는 교육과정에 서비스 학습을 포함시키고자 하는 학교와 교사를 위한 멋진 아이디어와 절차를 제공하고 있다. 이것은 실제 세계로 향하는 수업이다. 다음은 서비스 학습 웹 사이트에서 발견한 미국 학교 과제의 예시들이다.

서비스 학습의 예시

- 플로리다의 초등학생들은 자연 재해의 결과에 대해 학습했다. 학생들은 공동체 구성원들에게 전하는 피난 상황에서의 체크리스트, 애완동물을 구조하는 요령 등 어려움에 대처할 수 있는 지침이 담긴 중요한 종이를 가족 구성원들이 사용할 수 있도록 하는 도구를 고안했다.
- 펜실베이니아의 중학생들은 부실한 영양과 운동부족으로 인한 건강상의 문제에 대해 학습했다. 그리고 그들은 건강 박람회를 개최하고, 건강 요리책을 만들고, 학교와 공동체를 상징하는 신선한 과일과 채소를 공개하여 학습을 삶으로 가져왔다.
- 웨스트 버지니아의 걸스카우트는 습지의 생물학적 복잡성과 다양성에 대해 조사하였다. 침습성(invasive) 종들을 제거해야 할 필요성을 학습한 학생들은 개울을 추적 관찰하고, 지역 습지와 관련 문제에 대한 인식을 고양시키기 위해 그들이 발견한 것을 지

- 역 의회에 제출하였다.
- 미시건의 대학생들은 경제 불황 동안 지역 비영리기구를 후원할 수 있는 방법을 모색했다. 졸업생들은 이벤트를 기획하고 기구를 고안하는 것을 비롯하여, 지역사회와 공공서비스 간의 광범위한 다양성을 제공하며 그들의 기술을 연마했다.

교사는 언제나 학생들이 그들의 지역사회에 봉사하길 장려하는 반면, 이 웹 사이트는 지역사회를 위한 자원 봉사와 학습에 초점을 둔 서비스 학습 과제에 실제로 참여하는 것을 구분하고 있다. 아래에 제시된 것이 그들이 차이점을 규정하는 방식이다.

"만약 학생들이 강바닥에서 쓰레기를 수집해 온다면, 그들은 자원봉사자로서 지역사회를 위해 매우 중요하고 가치 있는 봉사활동을 한 것이다. 반면에 학생들이 강바닥에서 쓰레기를 수집하여 그것에 대해 분석하고 오염을 줄이기 위한 지침에 따라 지역 주민들과 함께 결과를 공유한다면, 그들은 서비스 학습에 참여하고 있는 것이다." (Learn and Serve, n.d.)

결론

학습에 실생활 적용이 실제로 이루어지는 수업에서는 지식이 교실 밖과 안에서 일어나는 확실한 진짜 상황에 적용되었다는 증거가 있게 된다. 더구나 학생들은 일지와 문자로 되어 있는 안내된 반성자료를 근거로 학습에 대하여 반성할 수 있는 기회가 주어질 수 있을 것이다. 이해의 깊이는 일지나 결과물들 그리고 문서로 작성된 것들을 통하여 명백하게 될 것이고, 평가에 있어서도 학습을 실생활에 연결시키는 학생들의 능력을 평가할 것이다.

그림 9.3은 실생활 적용이 학습에 이루어졌음을 나타내는 지표를 보여준다. 학생들은 표면적 지식을 보다 복잡한 사고과정으로 전환할 수 있고 논의한 지식의 영역을 활용할 수 있다. 학생들이 그들의 지식을 활용할 때, 교실과 실제 세계와의 경계가 허물어질 수 있다.

그림 9.3 ≫ 학습의 실생활 적용을 증진하는 수업의 지표	
평가도구	**성공의 지표**
수업계획	지식이 교실 밖과 안에서 일어나는 확실한 진짜 상황에 적용되도록 짜여 있다.
일지와 학생 결과물	이해의 깊이를 알 수 있고 반성을 위한 기회가 된다.
평가	학생들의 실생활 적용에 대한 이해를 평가한다.
서비스 학습	학생들은 학습함과 동시에 그들의 삶을 더 발전시키기 위해 그들이 학습한 것을 사용한다.

제 10 장

질 높은 수업을 위한 테크놀로지의 통합

우리의 교육 시스템은 마치 정교한 시계처럼 작동하고 있다. 문제는 이러한 정교한 시계가
더 이상 시장 가치가 없다는 데 있다.

－David Thornburg

학생들은 그들이 세상을 통하여 의사소통하는 것뿐만 아니라 문제를 해결하고, 연구를 수행하며, 인류 역사상 전에는 결코 이용할 수 없었던 수준에서 수행하도록 하는 디지털 세계로부터 매일 새로운 모습으로 학교에 등교한다. 오늘날 학생들은 단순히 테크놀로지를 사용하는 것이 아니라 테크놀로지를 창조하고 있다. 교사는 학생들이 제작하고 그들이 사이트에 공유한 동영상, 사진, 그리고 음악들을 쉽게 발견할 수 있다. 이런 학생들은 강의와 노트 필기와 같이 학습과 상호작용할 기회를 부여하지 않는 학습도구가 주요 도구이며, 암기 학습이 주된 학습 형태인 교실로 간다. 이들이 지적으로 낙오되는 것은 당연한 일이다. 과거에는 펜, 연필, 칠판, 사물함, 석판이 학습의 주요한 도구였듯, 상호작용적 테크놀로지는 21세기 교실의 도구이다. 이 테크놀로지는 학생들이 실험실에서 단지 한 번 사용해 보는 데 그칠 것이 아니라 교실의 필수적인 부분이 되어야 한다. 문제는 이러한 테크놀로지에 정통한 교사가 없다는 것이다. 자주 언급되어 왔듯이, 오늘날의 학생들은 멀티미디어 시대에 태어나고 디지털 언어를 먼저 배운 디지털 세대이다. 그러나 대부분의 교사들은 활자를 공부하고 이후에 디지털 언어를 배웠기 때문에 그것을 활용하는 데 있어 익숙하지 못하다.

앞의 장들에서 아홉 가지 좋은 수업실제에 대해서 논의하였다. 이러한 실제 모두는 훌륭한 테크놀로지의 사용으로 인해 효과가 크게 높아질 수 있다. 사실상 테크놀로지는 교실을 좋은 수업실제의 장으로 바꾸는 견인차 역할을 한다.

학습 환경

제1장에서는 교실 분위기와 그것이 학생들의 학습에 미치는 엄청난 효과에 대하여 언급하였다. 테크놀로지의 사용을 통하여 교사는 학생들을 언제 어디서나 더욱 효과적으로 관리하고 도울 수 있다. 인터넷과 인터넷 자료를 통하여 학생들은 과제에 대한 추가적인 도움과 설명을 온라인상에서 얻을 수 있게 된다. 학생들은 학습에 대한 총체적 기회를 사용 가능하게 됨으로써 더 많은 선택권을 얻을 수 있다. 고등학생들은 철저하고 창의적인 프로그램을 통해 온라인 수료증을 획득할 수 있다. 이 프로그램들은 선택하는 데 있어 제한 사항이 없으며, 학생들은 원하는 수업을 자유롭게 그들의 컴퓨터를 사용하여 들을 수 있다. 프랑스어를 프랑스인 교사에게서 배울 수 있고, 그 언어를 유창하게 그들의 친구들과 말해 볼 수 있는 기회를 갖는 것은 새로운 학습 형태이다. 원격 멘토링(telementoring, 인터넷이나 전화를 사용하는 조언자)은 학생들을 인터넷을 좋아하고 인터넷을 활용할 수 있는 성인들과 연결시키는 것이 미래의 추세가 될 것이다. 테크놀로지와 함께 자라나는 학생들보다는, '활자 세대'인 교사들을 위한 수업에 테크놀로지를 도입하는 몇 가지 지침이 있다.

- 학생들에게 Microsoft Word를 사용하여 보고서를 쓰고 당신에게 제출하라고 요구하라. 그러면 교사는 추적 시스템을 사용하여 논평을 달아주고 학생들이 고치고 수정하고 세련되게 만들어야 할 점을 지적할 수 있을 것이다. 이것은 내가 책을 쓰고 출판할 때 나의 편집자들과 함께 일한 방식이다.
- 학생들과 제시된 재료에 대해 토론할 수 있고 서로서로 피드백해줄 수 있는 웹 사이트를 이용하라. http://pbwotks.com 사이트는 암호화 시스템을 사용하여 교사와 학생들이 자신만의 채팅방을 만들 수 있도록 하고 있다.
- 학생들 상호 간 또는 학생과 교사 간 서면의 대화를 주고받을 수 있는 iChat와 같은 즉각적인 메시지 프로그램을 활용하라.

- 동영상 회의나 www.gotomeeting.com과 같이 교사와 학생들이 교실 밖에서 대화할 수 있는 온라인 프로그램의 장점을 활용하라.

학생들은 일상생활에서 테크놀로지를 자연스럽게 이용한다. 테크놀로지를 도구로 사용하는 것은 뇌친화적이다. 왜냐하면 교실 외부에서 학생들이 생활하는 것을 반영하기 때문이다. 그러나 학생들은 테크놀로지가 부재한 교실에 들어올 때 '전력 차단(power down)'을 해야 한다. 그러나 교실에 테크놀로지를 도입해 그것을 단순히 실험도구로서가 아닌 학습의 주된 도구로 활용한다면 학생들은 학교에 오면서 '전력 차단'을 해야 할 필요가 없다. 내가 다른 곳에서 언급했듯이(Tileston, 2004d) 교사가 자신의 수업과 테크놀로지를 통합해야 하는 기초적이고 합리적인 몇 가지 이유들이 있다.

- 테크놀로지는 교실 내에서만 한정되는 것이 아니다.
- 테크놀로지는 학생들의 사회경제적인 지위가 어떠한지 알지 못하거나 고려하지 않기 때문에 학생들을 위한 놀이수준을 도와준다.
- 테크놀로지는 모두에게 배움을 향한 똑같은 기회를 제공한다.
- 테크놀로지는 우리 학생들이 오늘 학습하는 방법에 보다 적합하도록 조정하게 한다.
- 테크놀로지는 실제로 일상 세계에서 흔히 사용되고 있기 때문에 교실에서 사용을 제한하는 것은 실제 세계에서 경쟁하기 위한 학생들의 능력을 제한하는 것이다.

차별화

제2장에서 학생들의 다양한 학습양식을 염두에 둘 필요성에 대해 약술하였다. 구체화한 시각자료나 언어자료, 운동감각적인 학습양식에 맞는 많은 소프트웨어는 오늘날 교실에서 이용 가능하다. 소프트웨어 도구는 시각적 모형을 창작하는 것에 익숙하지 못한 교사에게도 단지 교사의 교수 개요에 접속하는 것만으로 쉽고 노력하지 않아도 되도록 되어 있다. 시각적인 학습이 필요한 학생, 즉 읽기장애(난독증) 학생과 도식적 표현이 필요한 학생은 그들에게 편안하고 의미 있는 형태로 학습을 볼 수 있을 것이다. 학생들의 세계를 더 밀접하고 면밀히 반영할 수 있는 멀티미디어 형식을 추가하면 수업이 좀 더 재미있어질 수 있다.

오늘날 대다수의 교사들은 상호작용적 화이트보드를 사용하고 있다. 학생들이 학교 밖에서 사용하는 다른 테크놀로지 장치들에 기초를 두고 화이트보드를 활용한다는 점에서, 이것은 확실히 과거의 칠판이나 OHP에서 진일보한 것이다. NBC.com 은 저작권에 위배될 염려 없이 교실에서 사용될 수 있는 동영상 파일을 제공한다. 이 동영상 파일들은 시각적 학습자들로 가득 찬 교실에서 유용하게 활용될 수 있다. 학생들에게 노르망디 해변에 착륙하는 것에 대해 학습할 때, 단순히 말하는 것보다 직접 영상으로 보여주는 것은 얼마나 흥미로운 일인가! 오늘날 학습자들은 먼저 학습하고, 필요시에 추가적 자료를 탐색하고 토론을 진행한다(Jukes, McCain, & Crockett, 2010). 이것은 먼저 읽고 난 후, 추가적 자료로서 도표와 차트를 보던 교사 세대와 매우 다른 점이다. 학생들은 먼저 동영상 게임을 통해 학습한 후 그들이 추가적 정보가 필요하다고 느낄 때(예 : 한 단계 더 높은 수준의 학습을 하고자 할 때), 친구를 부르거나 요약본을 찾기 위해 온라인에 접속한다.

사전지식

제3장에서 학생들이 이전 학습과 새로운 학습의 연관성을 찾을 수 있도록 도울 필요성에 대하여 언급하였다. 테크놀로지를 통하여 학생들은 학습을 볼 수 있을 뿐만 아니라 들을 수도 있을 것이다. 학생들은 또한 독자적으로 과거의 정보를 재검토할 수 있는 기회를 갖게 될 것이다. 교사들은 학습의 관련성을 애니메이션과 시각적인 것들의 사용을 통하여 과거에는 가능하지 않았던 것을 어느 정도 제공해줄 수 있을 것이다. 지구의 남반구 지역에 살고 있는 아동들을 위한 북극곰에 관한 이야기는 실제적인 교실수업을 동물원에 가서 하거나 혹은 학생들이 실제 북극곰을 볼 수 있는 지역에서 하는 것보다는 훨씬 관련성을 덜 갖는다.

테크놀로지가 시각적인 표상이 필요한 학생들에게 학습에 대한 총체적인 새로운 세계를 열어주었다. 나는 최근에 집 근처에 있는 학교의 1학년 학생들을 위한 책 읽어주는 일에 자원을 했다. 교사가 수업을 위하여 아동들을 데리고 도서관에 왔을 때, 교사는 한 학생을 홀로 멀리 떨어져 앉혔다. 교사는 그 학생은 수업시간 동안 조용히 앉아 있지 못할 것 같아서 필요한 경우 그 아이를 쉽게 다른 곳으로 이동시키기 쉽게 혼자 앉혔다고 하였다. 나는 우리가 흔히 하는 것처럼 단지 학생들에게 책을 읽어 주는 대신에, 이야기에서 뽑은 그림들을 파워포인트와 LCD 프로젝트를 사용하여 내 컴퓨터로부터 TV모니터에 보여주면서 책을 읽어주었다. 그랬더니 문제의 그 아이는 이야기 내내 조용히 있었을 뿐만 아니라, 내가 읽기를 다 마쳤을 때 그 아이는 "다시 한 번 더 해주세요."라고 소리쳤다. 이 아이는 시각적 학습자로서 그에게 맞지 않는 학습양식으로 학습하게끔 강요되었기 때문에 1학년이지만 이미 훈육상의 문제를 가지고 있었던 것이다.

오늘날 대다수의 학생들은 시각적이고 운동감각적 학습자이다. 그러므로 그들은 그들의 삶 전반에 있어 테크놀로지와 상호작용한다. Jukes, McCain, Crockett (2010)은 디지털 언어를 제2언어로 구사하는 교사들이 선호하는 교수방식과 디지털 언어를 제1언어로 구사하는 학습자들이 선호하는 학습방식 간에 얼마나 큰 차이가 있는지를 우리들에게 상기시켜준다. 디지털 학습자들이 선호하는 학습방식은 다음과 같다.

1. 교사들이 제한된 줄처에서 정보가 천천히 조정되어 방출되기를 선호하는 반면, 학습자들은 정보의 여러 개의 매체에서 즉각적으로 정보를 받아들인다.
2. 교사들이 자료를 사진, 소리, 색채 그리고 동영상보다 먼저 처리하는 반면, 학습자들은 문자 자료 이전에 사진, 소리, 색채 그리고 동영상 파일을 처리한다.
3. 교사들이 정보를 선형적으로, 논리적으로 그리고 순차적으로 정보를 제공하는 반면, 학습자들은 하이퍼링크된 멀티미디어 정보에 무작위로 접속한다.
4. 교사들은 학생들이 통신망을 연결하고 상호작용하기 전에 독립적으로 각자 공부하기를 원하는 반면, 학습자들은 많은 사람이 동시에 네트워크에 접속하여 통신망을 연결한다.
5. 교사들은 만족과 보상을 연기하려는 경향이 있는 반면, 학습자들은 즉각적이고 지연된 보상과 함께 즉각적인 만족을 원한다.

Marc Prensky(2006)는 학생들이 21세가 될 때까지, 그들은 10,000시간이 넘는 시간 동안 비디오 게임을 할 것이고, 250,000개가 넘는 이메일과 문자 메시지를 주고받을 것이고, 10,000시간이 넘는 동안 전화를 할 것이며, 20,000시간이 넘는 동안 텔레비전을 시청할 것이라고 말했다. 학생들은 상당히 적은 시간을 학교에서 보내게 될 것이다. 이 정보에 근거해 볼 때, 오늘날 어린 학생들에게 영향을 주는 것이 어디에 있는지를 쉽게 알 수 있다.

교사가 그들의 디지털 세대 학생들과 작업하는 것을 돕는 몇 가지 사이트를 나열해 보자면 다음과 같다.

- www.siteforteachers.com
- http://teachers.teach-nology.com
- www.theteacherlist.ca

장기기억

제4장에서 학생들이 정보를 시험을 위해서 단지 기억하는 것보다는 장기기억 저장고에 보관하는 것을 도울 필요성에 대해 논의하였다. 테크놀로지의 한 부분인 감각적인 장치(시청각 교재 따위)들이 교사들로 하여금 그들의 수업을 보조하게 해준다. 연구 프로젝트들은 가상 교실, 원격 교육, 인터넷, 전자메일을 통한 정보와 개념에 학생들이 마주칠 때 엄청난 연관성을 갖는다. 학생들의 프로젝트는 그들의 안내자로서 테크놀로지와 함께 새로운 차원을 갖게 되었다. 의미적 기억은 학생들이 실제적인 상황과 문제에 정보를 적용할 수 있을 때 관련성과 의미가 더 명백해지기 때문에 테크놀로지에 의해서 향상될 수 있다. 학생들의 프로젝트는, 그들이 실제 문제를 다루는 직업을 가졌을 때의 미래의 어느 때까지 기다리는 것보다는 오히려 즉시적인 관련성이 보이기 때문에, 실제적으로 창조될 수 있다.

교사들은 테크놀로지를 사용하여 기억의 회상을 유도하는 소품과 도구를 사용함으로써 일화적 기억을 향상시킬 수 있다. 학생들이 소리를 활용한 그들 자신의 책을 만들도록 하라. 학생들이 www. clipart.com 사이트에 가서 특정한 문자로 시작되는 어떤 것을 만들게 하라. Pilter, Hubbell, Kuhn 그리고 Malenoski(2007)는 또한 아래의 비언어적 표현들을 추가로 추천하며 제공하였다. 학생들과 교사들을 위한 프레젠테이션은 다음과 같다.

- http://office.microsoft.com/en-us/help/HA011411961033.aspx 사이트의 멀티미디어를 활용한 과제기반 학습
- www.paducah.k12ky.us/currirulum/PPoint 사이트의 교육적 파워포인트 견본
- www.actden.com/pp 사이트의 교실 파워포인트
- www.keynoteuser.com/tips/index.html 사이트의 Keynote 사용자를 위한 지침
- www.keynotethemepark.com/index.html 사이트에서 무료로 다운로드한 Keynote theme park
- http://webmonkey.com 사이트의 만화 아이디어

- www.animationfactory.com/help/tutorial_gif.html 사이트의 animation factory

고차적 사고

제5장에서 교실에서의 고차적 수준의 사고에 대한 교수의 중요성에 대해 논의하였다. 테크놀로지가 학습을 위한 풍부한 환경을 제공해줌으로써 고차적 수준의 사고에 대한 교수의 중요성을 도울 수 있다. 가능성은 무한하다. 점토 애니메이션과 파워포인트를 결합하여 영향력 있는 프레젠테이션을 만들어낸 www.pendergast.k-12.az.us/advisorservices/as/wow/claytutorial.pdf를 활용하여 학생들이 점토 애니메이션에 숙달되도록 하라. 훌륭한 좋은 도구를 사용함으로써 학생들이 생산하는 결과물의 질은 향상될 수 있다. 문서화된 리포트는 학생들이 파워포인트나 혹은 이와 유사한 프레젠테이션 속에 있는 애니메이션과 다른 시각적인 것들을 부가할 수 있을 때 새로운 차원을 갖는다. 또 하나의 부가된 보너스는 테크놀로지 덕분에 도서관이나 박물관의 개괸시간에 관계없이 학생들이 그들의 프로젝트를 언제 어디서나 수행할 수 있다는 것이다. 한 그룹의 고등학교 학생들은 테크놀로지를 사용하여 롤러코스터 위에서의 운동의 힘을 연구하기 위해서 그 위에 타고 중력을 측정하도록 고안하였다. 교사들이 학생들로 하여금 고차적 사고를 하게끔 만들어줄 다음과 같은 사이트들이 있다.

- http://webquest.org에서 WebQuest를 창조하고 사용하는 것을 학습하라.
- http://instantprojects.org에서 즉각적인 프로젝트를 활용하라.
- www.iknowthat.com에서 기술을 증진시키는 활동을 하라.
- http://www.brainpop.com에서 시각적 자료를 활용하라.
- www.explorelearning.com에서 부차적인 기술을 활용하라.
- www.bkfk.comCollaboration에서 창조적 사고를 활용하라.

제6장에서 협동의 필요성을 강조하였다. 테크놀로지는 이 가능성을 구현하기 위하여 모든 문호가 열려 있다. 학생들은 매일 사회적 연결망을 사용한다. 이제 수업에서 테크놀로지의 장점을 활용할 때가 되었다. 학부모들은 학교에 오지 못할 수도 있지만, 학교는 전자메일, 인터넷, 원격 교육, 그리고 가상 수업 등을 통하여 학부모들한테 갈 수 있다. 학교는 가상 기회(virtual opportunity)를 통하여 모든 이해 당사자들과 더 좋은 의사소통을

할 수 있다. 학생들의 프로젝트와 연구가 교실 내에서의 학생들에게 한정되지 않는다. 학생들은 건물에 있는 다른 학생뿐만 아니라 다른 학교의 학생들과도 함께 연구할 수 있다. 교사들은 사실상 어느 때, 어느 장소를 막론하고 서로서로 의사소통을 할 수 있다. 협동은 테크놀로지와 더불어 전체적인 새로운 의미를 갖게 되었다. 학생들은 www.calenders.net 사이트를 활용하여 교실 달력을 만드는 활동을 할 수 있다. 교사, 학생, 학부모들은 www.globalschoolnet.org/GSH 사이트를 통해 의사소통하거나 http://moodle.org 사이트에서 온라인 학습 커뮤니티를 형성할 수 있다. 또한 학생들은 http://delicious.com 사이트에서 웹 사이트, 음악, 도서 등등의 정보를 다른 학생들과 공유할 수 있다.

격차 줄이기

제7장에서 학생들의 100%, 즉 모든 학생에게 도달해야 할 필요성이 제시되어 있다. 테크놀로지는 학생들의 배경과 상관없이 모든 학생을 동등하게 교육하는 방법으로 이끌게 될 도구이다. 컴퓨터는 인종, 재산, 성과 신념을 고려하지 않는 위대한 평등의 가치를 지닌 도구이다. 가난한 가정은 컴퓨터를 구비하고 있지 않으므로 부모와 아이들은 집에서 컴퓨터를 활용할 수 없다. 그러나 부모들은 집에서는 컴퓨터를 활용할 수 없는 반면, 직장에서는 컴퓨터를 사용할 수 있다. 따라서 부모들이 아이들보다 테크놀로지에 더 많이 접근할 수 있다. 그러나 만약 Jukes와 Prensky와 같은 테크놀로지 작가들의 예상을 수용한다면, 컴퓨터는 곧(5년 이내에) 가격이 하락하여 모두가 하나씩 보유하는 물건이 될 것이다. 사실, 요즘 학생들이 웹 사이트에 접속하여 사람들과 소통할 수 있게 하는 유용한 기구인 전화는 가격이 떨어지고 있는 중이다. 사회의 잠재되어 숨어 있는 의제(agendas)가 거기에서는 요인이 아니다. 학생들의 간격을 메우기를 요구하고 원하는 학교는 능동적으로 가능한 고차적 수준의 공학 자료와 도구를 찾아 나서야만 한다. 높은 수준의 기준 도달을 권유하는 정부는 그만큼 높은 수준의 도구를 요구한다는 것을 알아야만 한다. 교육의 미래는 두 가지에 달려 있다. 첫째는 전통적인 교실에서 학생들을 가르칠 수 있을 뿐만 아니라 비전통적인 상황에서도 영감과 고무를 줄 수 있는 자질 있는 교사이고, 둘째는 고차적 수준이면서 그것이 실제 세계를 반영하는 테크놀로지이다. 이 두 가지가 질 높은 결과물을 생산하는 수단이다.

평가

제8장에서 다룬 참평가의 방법들은 우리가 생산적인 도구를 부가할 때 보다 질 높은 수준을 취하게 된다. 학생들은 또한 성장의 과정과 진행을 돕는 전자 포트폴리오나 일지를 만들 수 있게 될 것이다. 전자 포트폴리오는 대학이나 구직을 위한 전통적인 시험 점수나 등급보다는 훨씬 좋은 도구가 될 것이다. 만약 적절하게 완성된 것이라면, 포트폴리오는 시험을 치르기 위한 개인의 한 가지 능력보다는 다양한 능력을 보여준다. 조사지를 제공하는 웹 사이트들을 활용하여 학생들의 배경지식을 알아보아라. 몇 가지의 예를 들자면 다음과 같다.

- www.surveymonkey.com에서 조사지를 만들어 보아라.
- www.policat.com에서 여러분이 이용해야 할 조사지를 얻어라.
- http://rubistar.4teachers.org와 http://edweb.sdsu.edu/webquest/rubrics/weblessons.htm을 활용하여 루브릭을 만들어 보아라.
- www.blogspot.com 사이트를 활용하여 여러분의 블로그를 만들거나, 더 좋은 방법은 학생들이 스스로 그들의 블로그를 만들고 교실에서 일어나는 재미있는 일에 대해 친구들과 학부모들이 알 수 있도록 하는 것이다.

토론한 장소에서 실제로 행한 경험, 연구한 사람들과의 대화, 혹은 학습한 기능을 사용하는 전문 실행가의 관찰보다 더 실제적인 세계는 없다. 비디오 컨퍼런스, 가상 교실, 원격 교육, 그리고 인터넷 등을 통하여 이런 모든 것이 오늘날 가능하다.

성공의 판단

테크놀로지에 우선권을 두는 학교들은 단지 실험실 상황이 아닌 하루 종일 모든 사람이 접근할 수 있는 테크놀로지를 제공한다. 최적의 교수와 학습 환경을 창조하는 것을 다루는 수업에 관련된 테크놀로지와 기술적 소양을 다루는 교육에 관련된 테크놀로지는 모두 다 교육과정의 중요한 부분이다. 강조점은 값비싼 훈련과 반복실행을 하는 소프트웨어가 아니라 생산적인 도구 사용으로서, 학생들의 결과물은 이런 도구의 사용을 반영한다.

최소한의 수준에서 이런 학교들은 교사와 학생을 위해서 인터넷, 인트라넷, 그리고 전자메일에 대한 접근을 제공하고 있다. 학생들은 높은 수준에서 사용하는 테크놀로지를 반영하는 과정을 학습한다. 교실들이 하나의 공간이나 혹은 하나의 건물로 한정되지 않게 될 것이고, 원격학습을 위한 문호가 열리게 될 것이다. 테크놀로지를 통하여 학생들은 과거에는 결코 가능하지 않았던 수업을 들을 수 있게 될 것이다. 학생들이 고등학교 졸업을 위한 기본적인 기능 수업과 함께 대학에서 하는 수업과 직업과정을 수강함으로써 대학과 고등학교 사이의 경계가 모호해질 것이다. 교사들이 온라인에 대해 학습하고 그것을 훈련함에 따라 학생들은 점점 더 많은 학습 기회를 갖게 되고, 10년 내에 학교는 현재 학생들이 생각하는 것과는 완전히 다른 역할을 맡게 될 것이다.

그림 10.1은 테크놀로지가 질 높은 수준에서 사용될 때 나타나야 할 지표를 보여주고 있다.

그림 10.1 》 테크놀로지가 질 높은 수준에서 사용되는 지표

평가도구	성공의 지표
관찰	테크놀로지 도구가 모든 사람들에게 사용 가능하다.
관찰	테크놀로지가 하나의 고립된 실험실 상황으로 분류되지 않는 교실 속으로 통합된다.
학생 결과물	값비싼 훈련과 반복실행을 하는 소프트웨어가 아니라 생산적인 도구 사용에 강조를 둔다.
테크놀로지 도구	학생들과 교사들이 인터넷, 인트라넷, 전자메일에 접근이 용이하다.
학생 결과물	높은 수준에서 테크놀로지 사용을 반영하는 학습과정을 나타내 준다.
학부모 조사	학교 인터넷과 인트라넷 서비스에 접근하여 언제든지 학부모들이 학생들의 숙제와 학습진전 상황, 교육과정 등을 알 수 있다.
현장 견학	지금까지 학교에서 접근하지 못했던 장소로 가상 여행을 반영하고 있다.
교실 제공	학생들은 어느 하나의 공간이나 건물에 의해 제한적이지 않고 인터넷이나 원격 교육, 비디오 원격 화상회의를 통하여 가능성을 제공받는다.
학생 결과물	학생은 중요하고 부가적인 자료를 식별하는 능력을 포함하여 정보검색의 기초를 배우고, 사실과 의견 사이의 차이점과 책임 있는 테크놀로지 사용의 윤리성을 배운다.
수업	더욱 역동적이고, 감동적이고, 관련성이 있는 테크놀로지를 사용한다.
일반적 테크놀로지	현재의 테크놀로지가 과거에 교사들이 연필과 펜을 사용했던 것처럼 하나의 도구로써 사용될 것이다.

결론

테크놀로지를 통하여 교실은 노트와 책이 있는 건물보다는 오히려 또 다른 차원을 반영하는 교실이 되었다. 자료들이 과거에는 결코 가능하지 않았고, 공부의 관련성과 깊이 수준도 과거의 교실에서는 결코 달성할 수 없었다. 그리고 아이디어의 교환도 제한되어 있어서 우리의 속이 타도록 만들었다. 테크놀로지는 그 자체로서 끝이 아니다. 테크놀로지는 우리 모두가 꿈꾸는 그런 형태의 교실로 우리를 이끌어 준다.

나는 스스로를 미래학자라고 생각하지 않는다. 이상으로 제시된 생각들은 공상이 아니다. 그것들은 지금 현재 실현 가능성이 있는 것들이다. 교육은 재미있고 철저하여 학생들이 완전히 그것에 빠져들 수 있어야 한다. 테크놀로지는 이것을 실현 가능하도록 도와줄 수 있다.

제 11 장

종합적 논의

Thomas Friedman은 다음과 같은 격언을 자주 인용한다. "내가 자랄 때에 부모님은 '음식을 남기지 말고 다 먹거라. 중국과 인도 사람들은 굶주리고 있다.'고 말씀하셨다. 나는 내 딸에게 '숙제를 끝마쳐라. 인도와 중국 사람들은 네가 하는 일을 갈망하고 있다.'고 말한다."

−Daniel Pink(2005)

이 책에서 제시한 10가지의 수업실제는 단지 시작에 불과하지만 중요한 것이다. 10가지의 수업실제는 과거 세기의 수업과는 매우 다른 교실수업을 위한 틀을 제공한다. 이 틀은 교수전략의 변화일 뿐만 아니라 또한 학습과정을 들여다보기 위한 하나의 종합적인 새로운 방식이다. 우리는 뇌가 어떻게 작용하는가에 대하여 과거 그 어느 때보다도 많은 정보를 가지고 있다. 또한 우리는 오늘날의 다양한 상황 속에서 과거 그 어느 때보다도 수많은 도전에 직면해 있다. 교실 교사는 가르치는 일 그 이상의 역할을 수행하고 있다. 교사의 역할이 가르치는 것이 전부이고 그저 가르치는 교과에 대해서 잘 알고 학생들에게 교과 지식을 제공해주기만 하는 것이라면, 어떤 교과 영역이든 교사 부족 현상은 없을 것이라고 나는 종종 교사들에게 말한다.

한 뉴스주간지(Newsweek)의 기사에서 Anna Quindlen(2004)은 빈곤과의 싸움에서 승리하지 못하고 있다는 사실에 대해 슬퍼하였다. 어떤 사람들은 오히려 우리의 살림이 더욱 어려워지고 있다고 말하기도 한다. 인구통계국의 최근 자료에 의하면, 최근 3년 동안 빈곤선(최저 생활 유지에 필요한 소득수준) 이하의 삶을 살고 있는 미국인들의 수가 증가

하였다. 그녀는 이 시대의 빈곤선이 아주 낮게 설정되어 있다 — 4인 가족을 기준으로 연간 18,000달러 — 는 점을 감안하면 오늘날 빈곤이 더욱 악화되어 가고 있다고 지적하였다. "여러분이 실제 그 수준으로 살고 있다면, 여러분은 가족의 기본 생계를 위해 어려운 시대를 살고 있는 전 미국인들의 35%에 속한다. 뉴욕의 지역사회봉사회에서는 이러한 사람들을 가리켜 '들리지 않는 제3세력(The Unheard Third)'이라 일컫고 있다."

여러분이 몸담고 있는 학교의 문제들에 대한 해결책을 모색하고, 이 책에서 제공하고 있는 아이디어를 빌리고자 할 때, 다음과 같은 체크리스트가 여러분에게 도움이 될 것이다. 이 체크리스트는 학력의 차이를 좁히거나 없애기 위한 방법을 모색하고자 하는 학교들을 위한 지침으로 제공된다.

국가에서는

- 도시 내부의 문제에 관한 입법자와 정치후보자의 태도와 계획을 알게 하라.
- 소식에 밝은 정보통의 유권자가 되게 하라.
- 도시의 빈곤층을 돕고 교육용 운동장을 평평하게 돋우기 위한 국가 지원금을 유용하게 사용하라.
- 성공을 위한 국가의 측정(예 : 국가시험)이 어떤 특정 집단에 유리하지 않도록 편견이나 제한이 없다는 것을 보장하라.
- 모든 학생을 고려하고 성공을 위한 자원을 제공하는 국가 기준을 위해 일하라.
- 자진하여 각종 위원회, 특히 시험과 자원을 위한 정책을 수립하는 사람들을 도와라.

지역사회에서는

- 지역의 학생들에게 보다 나은 보건적, 정신적, 조언적, 신체적, 재정적 자원을 적극 제공하라.
- 문제해결을 위해 부모와 다른 보호자들과 함께 일하라.
- 자문집단에 부모와 지역사회 인사를 적극 참여시켜라.
- 맞벌이 부모들이 참석할 수 있는 모임을 종종 마련하라.
- 부모와 집에 머무는 다른 관련자들에게 정보를 제공하기 위해 테크놀로지를 활용하라.
- 모국어가 아닌 언어를 사용하는 부모들에게 통역사를 제공하라.
- 언어 소통에 문제가 있는 다문화 가정의 부모들을 고려하라.

- 학생들이 자신의 지역사회에서 미술, 음악, 작문, 뉴스레터 만들기, 병원이나 다른 지역사회 시설에서 도움 제공하기와 같은 프로젝트에 적극 참여할 수 있는 기회를 제공하라.
- 빈곤은 자원 결핍의 문제이기 때문에 학생들이 자신의 지역사회 내의 자원을 증진시키도록 도와라.

학교에서는

- 좋은 영양분을 제공하는 것을 최우선으로 하고, 보기 좋고 맛도 좋은 식품을 공급받도록 노력하라. 부실한 점심은 누구에게든 도움이 될 수 없다.
- 학습을 위해 물 마시기를 강조하라.
- 교육과정과 교과서에 편견의 예가 없는지 조사하고 학교 전역을 통해 편견을 제거하기 위한 계획을 세우고 실천하라.
- 모든 아이들은 학습할 수 있다는 교사의 신념을 증명해 보여라.
- 모든 사람을 존중하는 것을 포함한 규범을 설정하라.
- 학습의 중요성에 대해 언급하고 있는 규범을 설정하라.
- 지역사회 인사는 물론 학생들을 포함하는 자문집단을 제공하라.
- 방과후 활동을 위한 기회를 제공하라.
- 학교 예산으로 운영되는 보건교사, 카운슬러, 도서관 사서와 같은 부가적인 자원을 위한 기회를 제공하라.
- 학교에서의 자원이 문화적으로 풍부하고 학생들의 인종과 민족성을 반영하도록 하라. 다양성을 축하하는 다문화 축제를 개최하라.
- 너무 자주 결석하거나, 중퇴의 위험이 있거나, 실패의 위험이 있는 학생들이 누구인지 주시하라. 학교에 있는 모든 학생에게 성인 대변자를 제공하라.(이것은 교사들과 상급 학생들의 팀을 통해서 수행될 수 있다.)
- 학교의 조건들이 지역의 다른 학교들에 비해 떨어진다면 보다 나은 조건을 마련하기 위해 노력하라.
- 여러분의 학생들에게 그들이 성공하는 데에 필요로 하는 자원이 무엇인지 물어보는 것을 주저하지 마라.
- 학생들을 이해하기 위한 방법과 뇌 연구와 학습에 기초한 좋은 수업의 실제에 관한 현

직 연수교육을 계속해서 제공하라.

교실에서는

- 모든 학생이 존중될 것이라는 기대를 분명히 하는 학급 기준을 마련하라.
- 믿음과 피드백을 통해 학생들을 모두 결속시켜라.
- 무엇보다도 관계를 형성하라.
- 학생들의 문화를 인식하라.
- 교사가 학생들에 대해 기대하는 행동의 모범을 보여줘라.
- 학생들에게 그들이 이용할 수 있는 자원에 관한 정보를 제공하라.
- 학생들에게 학습을 위해서는 좋은 영양을 섭취하고 물을 마시는 것이 필요하다는 것을 인식시켜라.
- 모든 학생들에게 관심을 갖고 있고 보살피고 있다는 것을 전달하라. 그러나 학생들이 원하는 것은 교사의 동정이 아니라 질 높은 교육이라는 점을 기억하라.
- 위협 수준을 낮추면서 동시에 높은 기대를 갖고 있음을 전달하라.
- 학생들이 높은 수준에서 학습할 수 있도록 발판(scaffolding)을 제공하라.
- 학생들이 자신의 뇌가 어떻게 작용하며 자신이 행하는 모든 것에 어떻게 영향을 미치는가를 이해하도록 도와줘라.
- 빈곤층 학생들이 회복탄력성을 갖도록 하라.
- 학생들에게 긍정적인 자기효능감을 심어줘라.
- 학생들에게 숨겨진 규칙과 그 사용 시기에 대해 가르쳐라.
- 학생들에게 긍정적인 자기존중감을 심어줘라.
- 교실에서 학생들의 배경, 민족, 인종, 사회경제적 지위 및 문화를 고려한 다양한 수업 자료를 제공하라.
- 다양한 학습양식, 특히 시각적 학습양식과 운동감감적 학습양식을 사용하라.
- 수업을 맥락화하라.
- 학생들이 이전의 학습과 경험을 새로운 학습과 관련을 짓도록 도와주는 경험을 이끌어라.
- 학생들이 개인적인 학습목표를 설정할 수 있는 기회를 만들어라.
- 학생들이 문제에 직면했을 때 자신의 목표를 수정하기 위해 자기대화와 다른 기법들

의 사용법에 대해 분명하게 보여줘라.

- 학생들이 공부를 질 높은 수준에서 수행하도록 도와줘라.
- 학생들에게 계속해서 구체적이고 처방적인 피드백을 제공하라.
- 학생들이 익숙한 방법으로 학습하도록 다양한 방법을 가르쳐라.
- 학생들이 거리의 언어로부터 교실의 언어로 넘어가도록 도와줘라.
- 학생들에게 이질집단 내에서 함께 공부할 기회를 제공하라.
- 모든 학생의 재능을 강조하라.
- 언어적 편견을 인정하고 극복하라.
- 고정 관념적 편견을 인정하고 극복하라.
- 배타적 편견을 인정하고 극복하라.
- 단편화/고립 편견을 인정하고 극복하라.
- 선택적 편견을 인정하고 극복하라.
- 비현실적 편견을 인정하고 극복하라.

또한, 교사들을 지원하고 격려하기 위해서 소속 학교와 다른 학교의 교사들을 연결해주는 네트워크를 형성할 기회를 제공하라. 스탈린은 여러 나라를 점령하기 위해 군대를 필요로 하지 않는다고 말했던 것으로 전해지고 있다. 그는 한 세대를 위한 그 나라의 아이들을 그에게 주면 한 나라를 가진 것과 다름없다고 말했다. 교사들보다 사회에 더 큰 영향을 미치는 인물이 누가 있겠는가? 교사들은 새로운 세대를 보다 낫게 변화시키기 위한 영향력을 갖고 있다.

참고
문헌

Airasian, P. (1994). *Classroom assessment* (2nd ed.). New York: McGraw-Hill.

Arroyo, C. (2008, January). *The funding gap 2007.* Washington, DC: Education Trust.

Association for Supervision and Curriculum Development. (1999). *ASCD yearbook.* Alexandria, VA: Association for Supervision and Curriculum Development.

Benard, B. (2003). Turnaround teachers and schools. In B. Williams (Ed.), *Closing the achievement gap: A vision for changing beliefs and practices* (2nd ed., pp. 115–137). Alexandria, VA: Association for Supervision and Curriculum Development.

Black, P., & William, D. (1998). Inside the black box: Raising standards through classroom assessment. *Phi Delta Kappan, 80*(2), 139–144, 146–148.

Booth Sweeney, L. (2001). *When a butterfly sneezes: A guide for helping kids explore interconnections in our world through favorite stories.* Waltham, MA: Pegasus.

Brookhart, S. M. (2001). Successful students' formative and summative uses of assessment information. *Assessment in Education, 8*(2), 153–170.

Choiniere, R., & Keirsey, D. (1992). *Presidential temperament: The unfolding of character in the forty presidents of the United States.* Del Mar, CA: Prometheus.

Clauss-Ehlers, C. S. (2006). *Diversity training for classroom teaching: A manual for students and educators.* New York: Springer.

Clayson, M. (2007). *Human memory pathways.* Available online at http://ezinearticles .com/?Human-Memory-Pathways&id=461184

Corbin, B. (2008). *Unleashing the potential of the teenage brain: 10 powerful ideas.* Thousand Oaks, CA: Corwin.

Covey, S. R. (1989). *Seven habits of highly effective people.* New York: Simon & Schuster.

Diamond, M. C., Scheibel, A. B., Murphy, G. M., Jr., & Harvey, T. (1985). On the brain of a scientist: Albert Einstein. *Experimental Neurology, (88),* 198–204.

Doidge, N. (2007). *The brain that changes itself: Stories of personal triumph from the frontiers of brain science.* New York: Penguin.

Duckworth, A. L., Peterson, C., Matthews, M. D., & Kelly, D. R. (2007, January). Grit: Perseverance and passion for long-term goals. *Journal of Personality and Social Psychology, 92,* 1087.

Fisher, D., & Frey, N. (2007). A tale of two middle schools: The difference in structure and instruction. *Journal of Adolescent and Adult Literacy, 51,* 204–211.

Fitzgerald, R. (1996). Brain compatible teaching in the block schedule. *The School Administrator, 8*(2), 20.

Gardner, H. (1993). *Frames of mind: The theory of multiple intelligences* (2nd ed.). London: Fontana.

Gibbs, J. (1994). *Tribes.* Santa Rosa, CA: Center Source.

Glasser, W. (1994, March–April). Teach students what they will need in life. *ATPE News,* 20–21.

Goleman, D. (1995). *Emotional intelligence: Why it can matter more than IQ.* New York: Bantam Books.

Hanson, J. M., & Childs, J. (1998). Creating a school where people like to be. *Educational Leadership, 50*(1), 14–16.

Henderson, N., & Milstein, M. (2003). *Resiliency in schools: Making it happen for students and educators.* Thousand Oaks, CA: Corwin.

Individuals with Disabilities Education Improvement Act of 2004. Pub. L. No. 108-446, 118 stat. 2647 (2005).

Jackson, R. R. (2009). *Never work harder than your students & other principles of great teaching.* Alexandria, VA: Association for Supervision and Curriculum Development.

Jacoby, P. (1991). *Region XIII Education Service Center.* Austin, TX: Region XIII Education Center.

Jensen, E. (1995). *The learning brain.* Del Mar, CA: Turning Point.

Jensen, E. (1997). *Completing the puzzle: The brain-compatible approach to learning.* Del Mar, CA: Turning Point.

Jensen, E. (1998). *Introduction to brain-compatible learning.* Del Mar, CA: Turning Point.

Jensen, E. (2003). *Tools for engagment: Managing emotional states for learner success.* Thousand Oaks, CA: Corwin.

Jensen, E. (2006). *Enriching the brain: How to maximize every learner's potential.* San Francisco: John Wiley and Sons.

Jensen, E. (2010). *Different brains, different learners: How to reach the hard to reach* (2nd ed.). Thousand Oaks, CA: Corwin.

Jukes, I., McCain, T., Crockett, L. (2010). *Understanding the digital generation: Teaching and learning in the new digital generation.* Thousand Oaks, CA: Corwin.

Keefe, J. M. (1997). *Instruction and the learning environment.* Larchmont, NY: Eye on Education.

Kinneavy, J. L. (1991). Rhetoric. In J. Flood, J. M. Jensen, D. Lapp, & J. R. Squire (Eds.), *Handbook of research on teaching the English language arts.* New York: Macmillan.

LAB at Brown University. (2001). *The diversity kit.* Providence, RI: The Education Alliance.

Learn and Serve. (n.d.). *What is service learning?* Available online at http://service learning.org/what_is_service-learning/service-learning_is

Lipsey, M. W., & Wilson, D. B. (1993). The efficacy of psychological, educational, and behavioral treatment. *American Psychologist, 48*(12), 1181–1209.

Long, L. (2006). *Painless algebra* (2nd ed.). Hauppauge, NY: Barrons Educational.

Marzano, R. J. (1992). *A different kind of classroom: Teaching with dimensions of learning.* Alexandria, VA: Association for Supervision and Curriculum Development.

Marzano, R. J. (1998). *A theory based meta-analysis of research on instruction.* Aurora, CO: Mid-Continent Regional Educational Laboratory.

Marzano, R. J. (2000). *Transforming classroom grading.* Alexandria, VA: Association for Supervision and Curriculum Development.

Marzano, R. J. (2001a). *Designing a new taxonomy of educational objectives.* Thousand Oaks, CA: Corwin.

Marzano, R. J. (2001b). *What works in schools.* Alexandria, VA: Association for Supervision and Curriculum Development.

Marzano, R. J. (2007). *The art and science of teaching: A comprehensive framework for effective instruction.* Alexandria, VA: Association for Supervision and Curriculum Development.

Marzano, R. J., Norford, J. S., Paynter, D. E., Pickering, D. J., Gaddy, B. B. (2001). *A handout for classroom instruction that works.* Alexandria, VA: Association for Supervision and Curriculum Development.

Marzano, R. J., & Kendall, J. S. (2008). *Designing and assessing educational objectives: Applying the new taxonomy*. Thousand Oaks, CA: Corwin.

Mid-Continent Research for Education and Learning. (2002). *Explorers through time*. Available online at http://www.mcrel.org/PDF/Curriculum/5011CM_Explorersthroughtime.pdf#search=%22explorers%20through%20time%22

Newmann, F. W., & Wehlage, G. G. (1993). Five standards of authentic instruction. *Educational Leadership, 50*(7), 8–12.

No Child Left Behind Act of 2001, 20 U.S.C.

O'Neil, J. (1995). On lasting school reform: A conversation with Ted Sizer. *Educational Leadership, 52*(5), 12.

Parks, S., & Black, H. (1992). *Organizing thinking* (Vol. 1). Pacific Grove, CA: Critical Thinking Press.

Pink, D. H. (2005). *A whole new mind: Moving from the informational age to the conceptual age*. New York: Riverhead Books.

Pink, D. H. (2009). *Drive: The surprising truth about what motivates us*. New York: Riverhead Books.

Pitler, H., Hubbell, E., Kuhn, M., & Malenoski, K. (2007). *Using technology with classroom instruction that works*. Alexandria, VA: Association for Supervision and Curriculum Development.

Popham, J. W. (2008). *Classroom assessment: What teachers need to know* (5th ed.). Boston: Pearson.

Prensky, M. (2006). *Don't bother me Mom—I'm learning*. St. Paul, MN: Paragon House.

Quindlen, A. (2004, September 20). The last word. *Newsweek, 68*.

Rank, M. R. (2005). *One nation, underprivileged*. New York: Oxford University Press.

Renzulli, J. S., & Reis, S. M. (2008). *Enriching curriculum for all students* (2nd ed.). Thousand Oaks, CA: Corwin.

Sousa, D. (2005). *How the brain learns*. Reston, VA: National Association of Secondary School Principals.

Sousa, D. (2006). *How the brain learns* (3rd ed.). Thousand Oaks, CA: Corwin.

Sprenger, M. (1999). *Learning and memory: The brain in action*. Alexandria, VA: Association for Supervision and Curriculum Development.

Sprenger, M. (2002). *Becoming a "wiz" at brain-based teaching*. Thousand Oaks, CA: Corwin.

Squires, D. A. (2005). *Aligning and balancing the standards-based curriculum*. Thousand Oaks, CA: Corwin.

Stiggins, R. J. (1994). *Student-centered classroom assessment* (2nd ed.). Columbus, OH: Merrill.

Tileston, D. W. (2004a). *What every teacher should know about effective teaching strategies*. Thousand Oaks, CA: Corwin.

Tileston, D. W. (2004b). *What every teacher should know about learning, memory, and the brain*. Thousand Oaks, CA: Corwin.

Tileston, D. W. (2004c). *What every teacher should know about media and technology*. Thousand Oaks, CA: Corwin.

Tileston, D. W. (2004d). *What every teacher should know about student assessment*. Thousand Oaks, CA: Corwin.

Tileston, D. W. (2005). *The ten best teaching practices: How brain research, learning styles, and standards define teaching competencies* (2nd ed.). Thousand Oaks, CA: Corwin.

Tileston, D. W. (2006). *Strategies for active learning*. Thousand Oaks, CA: Corwin.

Tileston, D. W. (2010). *What every teacher should know about diverse learners*. Thousand Oaks, CA: Corwin.

Tileston, D. W., & Darling, S. K. (2008a). *Teaching strategies that prepare students for high-stakes tests*. Thousand Oaks, CA: Corwin.

Tileston, D. W., & Darling, S. K. (2008b). *Why culture counts: Working with children from poverty.* Bloomington, IN: Solution Tree.

Tileston, D. W., & Darling, S. K. (2009). *Closing the poverty gaps.* Thousand Oaks, CA: Corwin.

Toliver, K. (1993). *Good morning, Miss Toliver.* [PBS Video Series]. Washington, DC: PBS.

U.S. Census Bureau. (2006). *Income, poverty, and health insurance coverage in the United States: 2005.* Accessed at www.census.gov/prod/2006pubs/p60—231.pdf on May 23, 2008.

U.S. Department of Health and Human Services. (2001). *Mental health: Culture, race and ethnicity—A supplement to mental health: A report of the Surgeon General.* Rockville, MD: U.S. Department of Health and Human Services. Public Health service. Office of the Surgeon General.

U.S. Department of Labor. (1991). *Scans: Blueprint for action.* Washington, DC: Author.

Walker, D. (1998). *Strategies for teaching differently: On the block or not.* Thousand Oaks, CA: Corwin.

Wang, M. C., & Kovach, J. A. (1996, 2003). Bridging the achievement gap in urban schools: Reducing educational segregation and advancing resilience-promoting strategies. In B. Williams (Ed.), *Closing the Achievement Gap* (pp. 10–36). Alexandria, VA: Association for Supervision and Curriculum and Development.

Werner, E. E., & Smith, R. S. (1992). *Overcoming the odds: High-risk children from birth to adulthood.* Ithaca, NY: Cornell University Press.

Whisler, N., & Williams, J. (1990). *Literature and cooperative learning: Pathway to literacy.* Sacramento, CA: Literature Co-op.

Wiggins, G., & McTighe, J. (1998). *Understanding by design.* Alexandria, VA: Association for Supervision and Curriculum Development.

Wiggins, G., & McTighe, J. (2005). *Understanding by design* (2nd ed.). New York: Prentice Hall.

Zeichner, K. M. (2003). Pedagogy, knowledge, and teacher preparation. In B. Williams (Ed.), *Closing the achievement gap: A vision for changing beliefs and practices* (2nd ed., pp. 99–114). Alexandria, VA: Association for Supervision and Curriculum Development.

찾아
보기

Donna Walker Tileston은 30년 동안 교직에 몸담은 베테랑 교사이고, 베스트셀러 수상 작가이며, 전임 컨설턴트이기도 하다. 그녀는 또한 미국과 캐나다 및 세계 전역의 학교에 서비스를 제공하는 전략적 교수와 학습(Strategic Teaching & Learning)의 사장이기도 하다. 저서로는 교육출판사연합회가 2004년 교사전문성개발(현직연수) 우수도서로 선정하여 수상한 모든 교사가 알아야 할 것 : 10권의 총서(*What Every Teacher Should Know: The 10 – Book Collection*, Corwin Press, 2004)를 비롯하여 20권 이상이 있다. Corwin 출판사에서 출간한 저서는 다음과 같다.

Closing the Poverty and Culture Gap: Strategies to Reach Every Student (2009)

Teaching Strategies That Prepare Students for High – Stakes Tests (2008)

Teaching Strategies for Active Learning: Five Essentials for Young Teaching Plan (2007)

What Every Parent Should Know About Schools, Standards, and High – Stakes Tests (2006)

Ten Best Teaching Practices: How Brain Research, Learning Styles, and Standards Define Teaching Competencies, Second Edition (2005)

Training Manual for What Every Teacher Should Know (2005)

What Every Teacher Should Know About Learning, Memory, and the Brain(2004)

What Every Teacher Should Know About Diverse Learners (2004)

What Every Teacher Should Know About Effective Teaching Strategies (2004)

What Every Teacher Should Know About Classroom Management and Discipline(2004)

What Every Teacher Should Know About Student Assessment (2004)

What Every Teacher Should Know About Special Learners (2004)

What Every Teacher Should Know About Media and Technology (2004)

What Every Teacher Should Know About the Profession and Politics of Teaching (2004)

What Every Teacher Should Know: The 10 – Book Collection (2004)

Strategies for Teaching Differently: On the Block or Not (1998)

저자는 대학에서 무역학을 전공했는데 The University of North Texas에서 학사학위를, East Texas State University에서 석사학위를, 그리고 Texas A&M University에서 박사학위를 받았다. www.wetsk.com을 통해서 저자와 연락을 취할 수 있다.